O TRABALHO COM GRUPOS EM SERVIÇO SOCIAL

A Dinâmica de Grupo como Estratégia para Reflexão Crítica

Dados Internacionais de Catalogação na Publicação (CIP)
(Câmara Brasileira do Livro, SP, Brasil)

Moreira, Carlos Felipe Nunes
O trabalho com grupos em serviço social : a dinâmica de grupo como estratégia para reflexão crítica / Carlos Felipe Nunes Moreira. — 5. ed. — São Paulo : Cortez, 2019.

Bibliografia.
ISBN 978-85-249-2733-1

1. Assistentes sociais - Prática profissional 2. Dinâmica de grupo 3. Política social 4. Relações interpessoais 5. Serviço social I. Título.

19-27161 CDD-361.4

Índices para catálogo sistemático:

1. Dinâmica de grupo : Interação social : Serviço social 361.4

Cibele Maria Dias - Bibliotecária - CRB-8/9427

Carlos Felipe Nunes Moreira

O TRABALHO COM GRUPOS EM SERVIÇO SOCIAL

A Dinâmica de Grupo como Estratégia para Reflexão Crítica

5ª edição

São Paulo – SP

2019

CORTEZ EDITORA

O TRABALHO COM GRUPOS EM SERVIÇO SOCIAL: a Dinâmica de Grupo como estratégia para reflexão crítica
Carlos Felipe Nunes Moreira

Capa: de Sign Arte Visual, sob foto gentilmente cedida de Ana Lucia Vaz,
a partir da criação de Carlos Felipe N. Moreira
Preparação de originais: Jaci Dantas de Oliveira
Revisão: Maria de Lourdes de Almeida
Composição: Linea Editora
Editora-assistente: Priscila F. Augusto
Coordenação editorial: Danilo A. Q. Morales

Obra em conformidade ao Novo Acordo Ortográfico da Língua Portuguesa

Direitos para esta edição
CORTEZ EDITORA
R. Monte Alegre, 1074 – Perdizes
05014-001 – São Paulo – SP
Tel.: +55 11 3864 0111 / 3611 9616
E-mail: cortez@cortezeditora.com.br
www.cortezeditora.com.br

Impresso no Brasil — julho de 2019

Dedicado ao meu pai, Beto (*in memoriam*).

SUMÁRIO

APRESENTAÇÃO À 5ª EDIÇÃO

Na apresentação à 5ª edição desta publicação foram incluídos breves elementos daquilo que vimos desenvolvendo complementarmente às reflexões por nós já sistematizadas. Trata-se aqui de determinados pontos práticos relevantes ao trabalho com grupos[1], pautados no acúmulo anterior e que, apesar de organizados em forma de tópicos, guardam relação teórico-metodológica entre si.

Tal acréscimo nesta edição tem como intuito problematizar criticamente certos itens, comumente presentes na realização de trabalhos com grupos, não abordados com foco nas edições anteriores. A ênfase atribuída ao *o que, como, por que* e *para que* fazer vincula-se à maior possibilidade de desenvolvimento de técnicas interventivas junto ao instrumento em questão.

1. Publicados originalmente em: MOREIRA, Carlos Felipe Nunes. Notas críticas sobre o trabalho de assistentes sociais com grupos. In: RAMOS, Adriana; SANTOS, Francine Helfreich Coutinho dos. (Org.) *A dimensão técnico-operativa no trabalho do assistente social*: ensaios críticos. Campinas: Papel Social, 2018, p. 109-127.

A leitura destes seis pontos selecionados sem antes a visitação do interior principal do livro, não tende a acarretar uma interpretação tecnicista do fazer profissional. Por outro lado, encarar estes mesmos tópicos sob a luz do debate já melhor apreendido possibilitará uma compreensão mais ampla daquilo proposto como adendo ao todo.

- **Organização da sala:**

Algumas técnicas utilizadas nos dias de hoje por assistentes sociais quando atuam com grupos de usuários já tinham recebido atenção metodológica há tempos. No passado, a preocupação com o ambiente físico, por exemplo, ocorria em função da necessidade de as pessoas verem-se umas às outras e, com isso, sentirem-se à vontade. Portanto, nas reuniões circulares, aconselhava-se que os membros do grupo se posicionassem em círculo. Mesmo que as estratégias sejam semelhantes apesar da distância temporal, as diferenciações são bem delineadas: o círculo no "Serviço Social de Grupo" tem uma função notadamente voltada para o campo emocional. Quando se organizava a sala sem um lugar de destaque, essa questão não derivava da avaliação de que um lugar separado dos demais (como a figura de um professor à frente das fileiras das carteiras dos alunos em uma sala de aula tradicional) pode hierarquizar as relações interpessoais e de saber no grupo.

- **Utilização de recursos pedagógicos:**

A criatividade é uma qualidade profissional que assistentes sociais precisam explorar bem no trabalho com grupos.

A escolha de músicas, curtas-metragens, imagens, esquetes teatrais e outros meios que podem servir de recursos pedagógicos facilitam o processo de participação e de reflexão crítica. Tais escolhas precisam ter relações diretas com os objetivos do trabalho com o grupo (fato esse que reforça a importância do planejamento). Faz-se necessário considerar também o perfil dos seus integrantes. Filmes com legendas podem não funcionar bem se o grupo é composto por pessoas com pouca escolarização, por exemplo. Levar impressa a letra de uma música pode facilitar a compreensão e potencializar o processo reflexivo. Utilizar com os integrantes do grupo encenações teatrais permite oportunizar aos sujeitos vivenciarem situações que não estão acostumados no dia a dia. Ou até mesmo inverter papéis: homens no lugar de mulheres, adultos no lugar de crianças ou adolescentes, jovens no lugar de idosos. Nessas situações, as contradições aparecem para além da fala e podem ser trabalhadas de modo interessante. Oferecer ao grupo acessórios como roupas, chapéus, óculos e bolsas para compor as personagens pode destacar ainda mais o lado lúdico da atividade.

- **Resultados concretos do trabalho com grupos:**

Dimensionar abstratamente os resultados do trabalho de assistentes sociais é algo complexo e pode ser muito impreciso. Dessa forma, costuma ser interessante a aplicação de uma avaliação junto aos integrantes do grupo ao final da atividade. A utilização de dinâmicas de grupo no processo de avaliação é uma forma de tornar esse momento menos diretivo. Outra forma importante de avaliar o trabalho é solicitar aos integrantes do grupo a produção de algum material final. Este produto pode ser construído coletivamente ao longo dos encontros e representar a síntese de todo o processo. Além disso, quando a definição de qual tipo de material final será produzido ocorre antecipadamente, os integrantes do grupo têm maiores possibilidades de compreender objetivamente para que servem os diálogos, debates e reflexões dos quais estão participando.

Exemplo: se eu defino democraticamente com um grupo de adolescentes, no nosso primeiro encontro, que a temática principal do trabalho será racismo e elegemos como produto final a composição de uma música, os debates sobre esse tema estarão conscientemente voltados para a criação desse produto ao final dos encontros. Noutros termos: a dimensão teleológica será exercitada do início ao fim do processo, onde todos os envolvidos saberão o porquê de cada atividade que irão participar e o seu objetivo último. O produto (uma música, nesse caso) representará, ao mesmo tempo, a concretude do processo de trabalho coletivo e um material concreto de avaliação do trabalho.

- **Armadilha dos manuais e cartilhas:**

A ideologia do gerenciamento empresarial nas políticas públicas é uma tônica do neoliberalismo presente cada vez de forma mais severa nos locais de trabalho onde atuam assistentes sociais. Dessa maneira, há a ênfase de uma racionalização burocrática e de homogeneização junto aos procedimentos operativos realizados pelos trabalhadores no âmbito das políticas de assistência social, educação, saúde e previdência, por exemplo. Não raramente, cartilhas e manuais são distribuídos para orientar como o trabalho de assistentes sociais precisa ser realizado estritamente dentro dessa lógica gerencial. Pensando especificamente no trabalho com grupos — e não desconsiderando a condição de assalariamento —, parece-me equivocado tanto seguir, passo a passo, o que regra tais documentos, como ignorá-los completamente.

Caberá ao assistente social analisar como trabalhar com as cartilhas / manuais sem abdicar dos objetivos do Serviço Social na instituição, da ampla autonomia pedagógica na condução dos grupos, no modo como as temáticas serão abordadas teoricamente, dentre outros. O caráter tecnocrático imposto por esses materiais precisa ser percebido previamente e, a partir disso, burlado na sua essência. Entendamos eles como um mapa onde o caminho a ser percorrido cabe ao assistente social decidir e, sempre que possível, ampliar o local de chegada.

- **Evitando novos e antigos erros:**

Usar o trabalho com grupos numa perspectiva autoritária, reformista, moralista, visando o policiamento dos comportamentos dos usuários e de ajuste e adequação deles ao *status quo* representa um intolerável retorno ao passado conservador da profissão, além de não ser condizente com a ética profissional. Outro ponto que merece crítica é quando o trabalho com grupos se resume apenas ao repasse de informações, sem um compromisso de assistentes sociais com a dimensão crítico-reflexiva. O papel político-pedagógico do nosso fazer profissional pode e deve ser amplamente explorado no trabalho com grupos. Se o objetivo da ação com grupos se resumir à socialização de informações burocráticas sobre direitos e rotinas institucionais, um cartaz ou um *folder* bem elaborados têm quase o mesmo efeito e ainda tomam menos tempo da população usuária. Um trabalho com grupos requer de assistentes sociais a função de coordenação desse trabalho. Uma coordenação democrática que permita a fala de todos que desejem falar, sem imposições, e que intervenha com vistas a possibilitar a reflexão. O assistente social ficar calado a maior parte do trabalho com grupos e avaliar essa forma de condução como positiva me parece ser também um problema do qual precisamos falar.

- **Desafios:**

São muitos os desafios e eles estão relacionados a fatores diversos. Alguns são bem concretos, como questões referentes a condições de trabalho: espaço pouco adequado para a realização do grupo e recursos institucionais insuficientes para garantir utilização de vídeos, músicas e outros materiais pedagógicos. Quando o grupo tem uma periodicidade e seus integrantes são fixos, a presença dos usuários em todas as atividades do grupo também é um desafio, pois nem sempre essas pessoas têm disponibilidade efetiva de estarem presentes. A condução de um trabalho com grupo é sempre desafiadora, pois exige de assistentes sociais um bom planejamento para estudar melhor sobre os temas que serão debatidos, planejar as atividades, registrar, sistematizar e propor ações de incidência política que extrapolem os muros da instituição e que se articulem com outros sujeitos coletivos.

Outro desafio incontornável é, mesmo diante de tantos obstáculos, não abrir mão de um fazer profissional efetivamente comprometido com o projeto ético-político do Serviço Social. Como fazê-lo? Não existe resposta simples para pergunta complexa. Durante a pesquisa sobre o tema "grupo", uma das entrevistadas fez três indagações reflexivas: por que a gente está fazendo esse grupo? Com qual objetivo? Aonde a gente quer chegar? Ter clareza de cada uma das respostas é um desafio fundamental do qual não podemos nunca nos furtar a enfrentar, seja ou não no trabalho com grupos. Parafraseando um talentoso *rapper* carioca: não adianta buscar respostas se você não tem os porquês.[2]

---

2. Trecho da música "Demorô abrir a janela", do Mc Marechal.

APRESENTAÇÃO À 4ª EDIÇÃO

A apresentação à 4ª edição deste livro simboliza uma iniciativa de suprir uma lacuna presente nas outras edições. Sabemos que estudos anteriores sempre constituem um material indispensável para as reflexões futuras. Ao elencarmos um determinado objeto de investigação, uma gama de autores é revisitada para solidificar o caminho da pesquisa. Neste caminhar, nos aproximamos de diferentes campos do pensamento que contribuem com a (re)leitura do nosso objeto. Se por um lado não se faz necessário (e sequer é possível) esgotar todos os autores que abordaram o objeto antes de nós, por outro há alguns deles que a história os elevaram à condição de referência e sua ausência representa um hiato, mesmo que as reflexões próprias do campo do pensamento no qual ele se insere estejam presentes no nosso trabalho.

No debate sobre grupos e Serviço Social, Gisela Konopka é uma referência histórica. Nascida em 1910, em Berlim, Konopka se formou em Filosofia, Psicologia, Pedagogia e em História pela Universidade de Hamburgo, na Alemanha. De ascendência judaica e militante de movimentos operário e socialista, Gisela combateu o nazismo, sendo perseguida e presa. Após sua libertação, se exilou para alguns países europeus antes de ir para os EUA, onde aos 31 anos iniciou-se nos estudos de Serviço Social, área em que fez mestrado e doutorado. Posteriormente passou a lecionar na Universidade de Minnesota. Escreveu mais de 300 artigos e publicou diversos livros traduzidos em muitos idiomas. Sua contribuição nos debates sobre trabalho com grupos, juventude, Pedagogia e Serviço Social é marcante.

Analisar as contribuições de Gisela Konopka exige localizar a autora em seu tempo e espaço. O *social work* estadunidense, marcado por forte influência da psicologia e do funcionalismo, pensava (e ainda pensa) a profissão numa perspectiva conservadora e reformista. Neste sentido, uma boa assistente social era aquela que tinha como qualidade o equilíbrio psicoafetivo com vistas a eliminar os conflitos sociais. Um exercício profissional pautado na linha da neutralidade, tecnicista e de viés adaptativo; seja ele através do Serviço Social de Caso, do Serviço Social de Grupo ou Organização de Comunidade.

No Serviço Social de Grupo, campo no qual Gisela se destacou, o que prevalecia era a questão do ajuste do indivíduo ao meio, sua adequação ao *status quo*, com forte influência psicologizante. No livro "Serviço Social de Grupo: um processo de ajuda", publicado no início da década de 1960 e largamente utilizado no Brasil e em muitos outros países, a autora defende que "o objetivo do Serviço Social de Grupo é ajudar às necessidades básicas dos indivíduos para que se tornem importantes e para que participem e ajudar à necessidade básica da sociedade humana geral" (1979, p. 127). O conceito durkheimiano de "coesão social" se encaixa bem para explicar essa lógica.

Karl Marx afirmou, no "18 Brumário", que os homens fazem a história, mas não a fazem sob circunstâncias de sua escolha. O passado tem, nesse processo, importância fundamental. Parece-nos incorreto, portanto, pensar o passado do Serviço Social como algo monoliticamente conservador. Àquela época houve avanços, mas que foram delimitados e determinados sob as circunstâncias que estavam postas. Vejamos: até meados de 1960, uma forte característica histórica do Serviço Social de Grupo era assistentes sociais terem uma intervenção individualizada dentro do grupo. Porém, Gisela confronta esse traço hegemônico e começa a inaugurar uma nova fase ao afirmar que "assistente social de grupo não estabelece relacionamentos com as pessoas individualmente. Cria uma atmosfera de confiança e de intercâmbio com todo o grupo" (1979, p. 130). Mesmo que, contraditoriamente, ela defenda depois que o "Serviço Social de Grupo (...) trata-se, isso sim, de um trabalho individualizado com os membros do grupo, no grupo e através dele" (idem, p. 134).

Se por um lado Gisela Konopka considerava a assistente social uma autoridade perante os indivíduos com os quais trabalhamos, por outro ela preocupava-se com que esse fato não se desdobrasse em posturas autoritárias no trabalho com grupos: "o seu respeito básico de cada indivíduo exige aceitação de cada um deles, embora não concorde com as suas opiniões (...). Significa que o assistente social de grupo não é 'tolerante', nem 'autoritário-diretivo'" (1979, p. 130). A preocupação com o estabelecimento de relações democráticas fica evidenciada também quando a autora acertadamente afirma que: "faz parte da habilidade da discussão de grupo incluir todos e, no entanto, não forçar ninguém a participar de uma maneira que o torne conspícuo ou pouco à vontade" (idem, p. 149).

Uma outra passagem demonstra bem que Gisela Konopka tinha posições avançadas para sua época em determinados pontos. Em nosso país, a questão do sigilo profissional é, ainda hoje, um tema que requer (re)discussão no Serviço Social. Não se trata de algo novo na nossa área, visto que em todos os nossos cinco Códigos de Ética que tivemos no Brasil o tema foi abordado, seja tratado como sigilo, seja pensado como segredo. Mas como fica a questão do sigilo no trabalho com grupo? Esse é um debate a ser melhor travado, mas que Gisela — na década de 60 — já tinha posição interessante sobre:

> O sigilo, fator importante em determinados grupos com os quais o assistente social de grupo trabalha, não é um fator indiscutível como ocorre no processo do Serviço Social de Caso. Deve ser estabelecido por um esforço especial ou voluntário por parte dos membros do grupo; cada um deve comprometer-se a agir responsavelmente, de acordo com o que deles exige um determinado ato. (1979, p. 135)

Não podemos negar em Konopka, apesar de proposições diferenciadas para sua época, forte influência tradicional do campo da psicanálise no seu modo de interpretar o Serviço Social. Exemplo disso é a marcante centralidade que o conceito de "transferência" tem em seus estudos. Neste sentido, questões como laços afetivos, compreensão, raiva, carinho e amor também ganhavam para ela suma importância no exercício profissional de assistentes sociais com grupos. A estabilidade emocional do indivíduo no grupo era tida como primordial pela autora, mesmo que para isso "por vezes, muitas explosões de hostilidade devem ser aceitas — até mesmo provocadas, se esta é a única maneira para que o membro do grupo possa resolver esses sentimentos" (idem, p. 140).

Konopka aposentou-se em 1978. Em 2000, após uma entrevista concedida, um escritor a descreveu da seguinte forma: "Há uma simetria notável na vida de Gisela Konopka. A adolescente rebelde que fez perguntas difíceis tornou-se uma velha rebelde que ainda faz perguntas difíceis" (Clancy *apud* Andrews, 2000). Gisela faleceu em 2003, aos 93 anos. Mas sua obra permanece viva, ainda suscitando reflexões e contribuindo com o amadurecimento dos estudos sobre um dos principais objetos da sua rica trajetória acadêmico-profissional: o trabalho com grupos em Serviço Social.

Referências bibliográficas

ANDREWS, J. *Champion of Social Justice: Contributions of Gisela Konopka*, Paper given at the 22nd Annual International Symposium, Association for the Advancement of Social Work with Groups, Inc. Toronto, Ontario, Canada — October 19-22, 2000. Disponível em: http://infed.org/mobi/gisela-konopka-and-group-work/. Acessado em 25/01/2017.

KONOPKA, G. *Serviço Social de Grupo: um processo de ajuda*. 5ª ed. Trad.: Adolpho José da Silva. Rio de Janeiro: Zahar Editores, 1979.

______. *Mit Mut und Liebe: Eine Jugend im Kampf gegen die Ungerechtigkeit und Terror*. Weinheim: Deutscher Studien Verlag, 1996. (Biografia)

APRESENTAÇÃO À 3ª EDIÇÃO

Na maior parte das vezes, quando escrevemos algo a partir de uma pesquisa realizada, não temos a dimensão do quão socializadas nossas reflexões podem ser. E é com um pouco de surpresa e com muita satisfação que este livro chega à sua 3ª edição, dois anos após seu lançamento.

Esta edição traz duas novidades. A primeira delas é uma revisão teórico-política mais minuciosa de todo o texto. Dessa forma, dentre outras alterações, certas categorias e conceitos foram mais bem alinhados. A segunda novidade é a inclusão de um apêndice contendo o planejamento de mais dez Dinâmicas de Grupo. Essas Dinâmicas fazem parte do blog: *dinamicasdegrupoeservicosocial.blogspot.com.br*. O blog, criado durante o processo de elaboração deste livro, é um espaço para assistentes sociais e demais interessados acessarem Dinâmicas de Grupo, assim como socializarem aquelas que já conhecem, comentarem os resultados e as dificuldades que vivenciaram durante sua utilização etc.

Aos leitores, um lembrete importante: a teoria social crítica não se propõe a fornecer uma "receita de bolo" de como trabalhar a partir de bases marxistas. Mas essa mesma teoria nos permite pensar os instrumentos e técnicas profissionais de forma crítico-dialética. Assistentes sociais, durante seu exercício profissional, não precisam de um "passo a passo marxista" para realizar um grupo, um atendimento social ou uma visita domiciliar, por exemplo, sintonizados com nosso projeto ético-político. Instrumentos e técnicas precisam ser pensados como elementos que constituem um processo de trabalho coletivo e têm inerentes a si as tensões próprias da condição de trabalhador assalariado.

Dito isto: boa leitura!

APRESENTAÇÃO À 2ª EDIÇÃO[1]

A possibilidade que se descortinou de inserir uma apresentação à 2ª edição deste livro nos permitiu suprir algumas necessidades que o tempo impôs. Passaram-se quatro anos entre a realização da pesquisa acadêmica, que investigou as questões empíricas do objeto por nós estudado, e o momento do lançamento desta nova edição. Tempo suficiente para nos colocar a tarefa política de atualizar o leitor de a quantas anda a experiência em curso de assistentes sociais junto à política de educação municipal carioca. Experiência essa que, em nossos estudos, se configurou o campo analítico da realidade profissional concreta que investigamos.

Determinados fatos importantes que apontamos na 1ª edição — como algo que estaria para se desdobrar em curto espaço de tempo — não avançaram. O Projeto de Lei n. 1.314/2012 (que dispõe, no âmbito do município do Rio de

1. Nesta segunda edição há algumas pequenas correções em partes do texto com vistas a facilitar a leitura, além da inclusão de uma dedicatória simples, mas indispensável, que expressa muita admiração, tristeza e saudade.

Janeiro, sobre as ações interdisciplinares de assistentes sociais, psicólogos e professores no apoio às unidades escolares — o PROINAPE) está ainda na "gaveta" do prefeito. A organização e incidência políticas, sobretudo de assistentes sociais, junto à Câmara de Vereadores que levou esta casa a votar pela aprovação do PL em 2013, não sustentou fôlego por muito mais tempo. O veto do prefeito, posterior à citada aprovação, foi o último golpe, até então, desta batalha.

Tal revés, que, em vez de acarretar uma maior aproximação e participação orgânica desses assistentes sociais junto ao SEPE (Sindicato Estadual de Profissionais da Educação) — um dos protagonistas na luta pela aprovação do PL —, contribuiu para brecar essas movimentações que outrora estiveram em curso. O direito de assistentes sociais de se sindicalizarem a esse sindicato como profissionais de educação, que fora uma conquista inédita da categoria há poucos anos, não reverberou significativamente e quase em nada se espraiou.

Não há ainda o cargo de assistente social na pasta de educação. Não há ainda lei alguma que assegure a existência do PROINAPE. Não há definido qual o papel do Serviço Social na educação municipal. Não há relações mais próximas entre o conjunto de assistentes sociais do PROINAPE e o SEPE. E não há sinais imediatos de que esses profissionais estejam dispostos a reverter esse quadro.

Essa desmobilização da maioria dos assistentes sociais da SME parece estar em sintonia com o acelerado processo de apassivamento que vem se instaurando no dia a dia desses trabalhadores nas escolas municipais. Na realidade, o que se observa é que esta experiência profissional tem cada vez menos, e de forma acrítica, eleito o "chão da escola" como lócus privilegiado para a realização do trabalho. Estar nas escolas vem perdendo espaço para outras ações como: participar de **grupos** de trabalho fora das escolas para debater temas pertinentes ao campo educacional, privilegiar o trabalho com **grupos** de diretores ou com **grupos** de coordenadores pedagógicos ou com **grupos** de professores que se reúnem fora das escolas, dentre outras ações (individualizadas ou em **grupo**) que não se desenvolvem nas unidades educacionais.

Essa direção político-profissional largamente trilhada apresenta reflexos de várias ordens. Queremos aqui destacar aquela que nos parece mais cara: a tendência de cada vez mais desarticular o exercício profissional com os movimentos de questionamento e de resistência à educação tradicional que se operam, cotidianamente, dentro das escolas. A opção (legítima, diga-se de passagem) predominante no PROINAPE de atuar fora do cotidiano concreto, diário, das escolas, faz com que anseios, reivindicações e demandas de alunos e de seus familiares, por exemplo, cheguem ao Serviço Social via "intérpretes", "porta-vozes" dessas demandas. Isso, claro, quando chegam.

Os grifos anteriores não são despropositados. Queremos com eles chamar mais uma vez a atenção do leitor para o seguinte: não é a escolha do instrumento profissional que determina a direção política do fazer profissional. Ou, nos termos desta publicação, "não atribuímos à técnica ou ao instrumento utilizado o sentido político da intervenção profissional, mas sim aos referenciais teórico-metodológico e ético-político em que esses profissionais se baseiam".

Nossa crítica não está, necessariamente, voltada às escolhas de se trabalhar com grupos fora das escolas. A preocupação eminente é com a assimilação acrítica da lógica institucional que credita aos professores e às equipes diretivas escolares o papel de protagonistas que precisam ser "potencializados" para dar conta de suas funções profissionais e, após o término dessa espécie de "consultoria" oferecida pelo PROINAPE, fazer com que a escola siga seus próprios rumos. Acreditamos, porém, que nosso compromisso ético-político não está em colocar o "trem no trilho", mas sim colocar os "trilhos em nova direção".

Compartilhamos da ideia de que assistentes sociais precisem buscar atuar na escola junto a todos os segmentos que a compõem (seus trabalhadores — incluindo professores, diretores, merendeiras, serventes, porteiros... — seus alunos, familiares etc.). O enfrentamento político-profissional não está localizado no embate com o segmento A, B ou C, pois, como sabemos, há tanto diretores e professores extremamente progressistas quanto alunos e familiares notadamente conservadores. O enfrentamento está no campo ideológico e, portanto, perpassa toda a escola de maneiras diferentes, dinâmicas e contraditórias. Contudo, como afirmamos neste livro:

> privilegiar aqueles atores que já ocupam posições de destaque no processo de correlação de forças institucional em relação aos usuários dos serviços, acreditando que com isso será possível alterar essa mesma correlação de forças instituída, é, no mínimo, ingenuidade.

Em suma: se por um lado, atualmente, ainda permanece presente a recorrência de trabalhos com grupos na experiência de assistentes sociais na educação municipal carioca, por outro observamos o adensamento de tendências funcionalistas que buscam apenas "corrigir" aquilo que se apresentam como aparentes entraves para *o bom funcionamento natural desse organismo*.

Essa reflexão, que tem como terreno o campo educacional, pode ser expandida para outros espaços sócio-ocupacionais de assistentes sociais, apesar de essa marca ser uma tendência que se mostra atualmente com mais ênfase nos diversos âmbitos da educação.

Nosso Código de Ética Profissional de 1993 coloca dentre seus onze princípios a "defesa do aprofundamento da democracia, enquanto socialização da participação política e da riqueza socialmente produzida". Não se trata de um aprofundamento submergido numa concepção de democracia limitada ao seu modelo liberal, como nos atenta Teixeira[2] em artigo publicado recentemente. Ao contrário. Trata-se de um exercício profissional guiado pela busca da socialização do poder, "agregando forças políticas para o enfrentamento coletivo, não só de (...) questões particulares, mas, sobretudo, na luta dos trabalhadores para elevar a um nível superior de democracia" (Teixeira, 2010, p. 63).

Contribuir para a garantia da participação efetiva da população usuária nas decisões institucionais, democratizar informações visando a sua participação e contribuir com a desburocratização na relação com os usuários (tal como expresso no nosso Código de Ética em seu artigo 5º) são deveres do assistente social que não vão se dar "de cima para baixo".

---

2. Referimo-nos ao artigo "A defesa do aprofundamento da democracia, enquanto socialização da participação política e da riqueza socialmente produzida", de Joaquina Barata Teixeira, publicado na coletânea organizada pelo CRESS-RJ, em 2013, de título: "Projeto ético-político e exercício profissional em Serviço Social: os princípios do Código de Ética articulados à atuação crítica de assistentes sociais".

A socialização do poder está no campo da luta e da conquista, seja nos espaços sócio-ocupacionais, seja na luta de classes de forma mais ampla.

Acreditamos que exercer sua profissão em prol da garantia da gestão democrática institucional é um compromisso, sobretudo ético-político, de assistentes sociais. Não uma gestão democrática aprisionada nos limites tradicionalmente impostos. Mas sim uma gestão norteada por uma concepção de democracia elevada a um nível superior em todas suas dimensões: política, econômica e cultural.

Àqueles que podem estar se perguntando "e o trabalho com grupos pode contribuir para isso?" eu responderia: sim ou não. Não transformemos "o que é acessório em essencial" (Guerra, 2007, p. 169). No âmbito técnico-operativo da nossa profissão, o central não é o "o que fazer", mas sim "o como" e "o porque fazer".

PREFÁCIO

Este livro de Carlos Felipe Nunes Moreira, originalmente produzido na forma de dissertação de mestrado defendida no Programa de Pós-Graduação em Serviço Social da Faculdade de Serviço Social da Universidade do Estado do Rio de Janeiro, expressa um investimento que articula, de modo singular, as preocupações teóricas e profissionais que se forjam no cotidiano de diferentes instituições onde atuam os(as) assistentes sociais em todo o território nacional.

Para todos nós, envolvidos organicamente com o processo de formação profissional e capacitação continuada dos(as) assistentes sociais, verificamos ao longo dos anos o enorme esforço empreendido por essa categoria, seja individual ou coletivamente, em tomar os desafios presentes em seu trabalho como objeto de reflexão teórica. A produção que aqui apresento tem seu principal mérito exatamente neste sentido: um debruçar-se sobre o próprio trabalho como possibilidade de se instaurar uma reflexão crítica, tão cara à superação dos dilemas e desafios que acentuam o distanciamento entre formação e exercício profissional.

Não se trata de uma reflexão alicerçada nos aportes teóricos já amplamente socializados na produção literária do Serviço Social, mas distanciada das preocupações que imprimem urgências e necessidades de mediações que a dinâmica institucional insiste em protelar. Trata-se, sim, de uma produção que, mesmo distante das rotinas de trabalho da maior parte dos(as) profissionais de Serviço Social, não foi negada como parte de um processo institucional de qualificação do qual o autor e os pesquisadores e docentes do Programa de Pós-Graduação em Serviço Social da UERJ ousaram abordar. Os desafios que brotam do terreno profissional não são menores, ao contrário, revelam em sua singularidade como que as políticas sociais, a dimensão política e pedagógica da profissão, o papel educador do Estado tem sido operado a partir da mediação dos programas sociais e dos instrumentais de trabalho que os(as) assistentes sociais mobilizam cotidianamente.

O reconhecimento da importância dessas mediações é o que se evidencia em primeiro lugar na forma com que Carlos Felipe estrutura sua reflexão, resgatando no diálogo com a tradição marxista os aspectos centrais que fundamentam sua aproximação com a compreensão da função intelectual dos profissionais que atuam nas políticas públicas, operando com um sistema de difusão ideológica extremamente importante para o estabelecimento de consensos sociais junto aos segmentos da classe trabalhadora que precisam da mediação das políticas públicas como parte de suas estratégias de sobrevivência e acesso aos direitos sociais. A partir das inserções ficcionais de suas personagens ilustra alguns dos desafios que se descortinam no horizonte da ação pedagógica com que os(as) assistentes sociais se defrontam em suas diferentes frentes de atuação. Não procurem ler tais situações como exemplificações, visto que foge completamente ao intento do autor. Antes de tudo, se propõe a apresentar situações próximas àquelas que forjam as cenas profissionais no âmbito dos programas institucionais como recurso discursivo.

A dinâmica de grupo, ao longo da realização do curso de mestrado, tornou-se a questão central de sua investigação. Resgatar a produção teórica presente na literatura profissional, ao mesmo tempo em que se desenhou como um percurso necessário, também salientou uma série de interrogações sobre seu abandono na produção teórica, a diminuição de sua importância no âmbito do exercício da profissão e, sobretudo, porque adquiriu um tom de constrangimento no discurso de alguns assistentes sociais. As respostas para essas questões não constituíram o foco de seu estudo, mas são por ele evidentemente provocadas.

Enquanto profissão assalariada, muitos dos meios disponíveis ao desenvolvimento do trabalho profissional advêm dos programas e políticas com os quais operam os(as) assistentes sociais e demais profissionais. Em tempos de mais claros e contundentes mecanismos de controle do trabalho profissional, do alcance das metas institucionais e de verificação da produtividade das intervenções socialmente produzidas pelo Estado (direta ou indiretamente), os objetivos profissionais encontram grandes resistências à sua plena realização. Mas não são esses obstáculos que sobressaem na pesquisa realizada pelo autor. Ele prefere outro caminho, também importante: as justificativas e opções teóricas e metodológicas que se forjam no escopo da autonomia profissional.

As respostas apresentadas na última parte deste livro provocam necessariamente outras interrogações sobre a natureza do distanciamento que se verifica entre formação e exercício profissional na atualidade. Não no sentido de repor antigas afirmações e dicotomias, longe disso. Mas com a intenção de compreendermos alguns dos processos que articulam as mudanças no mundo do trabalho e no âmbito do Estado, principal empregador dos(as) assistentes sociais, e as direções que se afirmam no campo da formação profissional em um contexto de ampla diversificação das formas institucionais de sua realização e de massificação do acesso à educação superior. A interrogação central a que Carlos Felipe nos conduz diz respeito ao tipo de requisição de ação intelectual que vem sendo feito nos espaços ocupacionais e que se desdobra na mobilização de um acervo técnico-instrumental que embora constitutivo da cultura profissional e com nítidas possibilidades de uso numa dimensão crítica, articulada ao esforço de desvelamento da realidade social, não necessariamente adquire esta feição.

A leitura deste livro não se desvincula da intenção de sua publicação, ou seja, apontar a necessidade de que a ação profissional seja contínua e progressivamente refletida, sobretudo por aqueles que estão diretamente envolvidos neste processo: os(as) assistentes sociais que cotidianamente se interrogam sobre as opções e rumos da ação profissional como resultante de um processo que confronta autonomia técnica e condições de trabalho, não como uma antinomia, mas como tensão, como singularidade, como parte da construção da história profissional que não se desvincula da história social, das lutas pela ampliação dos direitos sociais.

Niterói, julho de 2013.

Ney Luiz Teixeira de Almeida

INTRODUÇÃO

Provavelmente você, assistente social, tem para contar uma boa história que viveu durante a realização de um grupo em seu local de trabalho, ou uma Dinâmica de Grupo que obteve grande sucesso e que atingiu plenamente os objetivos propostos. Acreditamos que boa parte dos assistentes sociais já tiveram experiências (positivas e negativas) em seu exercício profissional com grupos de usuários. Assim como estamos certos de que muitos assistentes sociais se utilizam recorrentemente das Dinâmicas de Grupo nessas atividades grupais.[1]

O trabalho com grupos é uma prática inerente à cultura profissional do assistente social e está presente no trabalho de campo desde seus primórdios. Mesmo após todas as mudanças pelas quais o Serviço Social brasileiro experimentou — em especial com o Movimento de Reconceituação — este

1. Com o objetivo de proporcionar um espaço para assistentes sociais terem maior acesso a Dinâmicas de Grupo, poderem socializar Dinâmicas que já conhecem ou que inventaram, comentar os resultados e as dificuldades que experimentaram ao utilizarem-nas etc., criamos, durante a produção deste livro, o *blog* "Dinâmica de Grupo e Serviço Social" (dinamicasdegrupoeservicosocial.blogspot.com).

instrumento permanece ocupando um importante lugar no arsenal técnico-operativo de seus profissionais. Muitas são as formas de se explorar a dimensão político-pedagógica do assistente social durante um trabalho grupal e, desta forma, neste livro elegemos pôr luz em uma técnica bastante utilizada por assistentes sociais quando atuam com grupos: a Dinâmica de Grupo.

Através de análise documental e pesquisa de campo, investigamos as maneiras que os aportes nucleares do Serviço Social se expressam nas experiências profissionais estudadas, observando os motivos principais que levam assistentes sociais a optarem por atuar com grupos de indivíduos, as formas que estes profissionais entendem e conduzem este tipo de trabalho, além dos resultados obtidos a partir destas intervenções.

Este livro tem por intuito contribuir com o adensamento dos esforços que vêm sendo realizados no que diz respeito às análises e interpretações do trabalho de campo do assistente social, tendo como recorte principal as ações desenvolvidas com grupos. E mostrar de que formas as Dinâmicas de Grupo podem se colocar como estratégia profissional para a exploração da reflexão crítica e para a ampliação de visão de mundo dos usuários dos serviços sociais com os quais trabalhamos nos mais diversos espaços sócio-ocupacionais. Pensamos que, ao investigarmos um campo ainda insuficientemente explorado, possamos contribuir com o processo de estudo, difusão e implementação prática dessa técnica social que acreditamos revelar importantes potencialidades.

Nosso material empírico tem como base experiências profissionais de assistentes sociais em escolas do município do Rio de Janeiro. O cenário escolhido não limita o nosso conjunto de análises a ele próprio. Nosso intento é possibilitar aos profissionais de Serviço Social — seja de qual região do país for — se debruçarem intelectualmente sobre determinados elementos comuns constituintes do processo de trabalho no qual se insere o assistente social (seja ou não trabalhador da política de educação): o trabalho com grupos como opção político-profissional, as tensões próprias de relações interdisciplinares, as Dinâmicas de Grupo como possíveis veículos da reflexão crítica etc.

Nosso trabalho parte de um investimento analítico pautado em categorias universais simples que conformam os princípios da teoria de Marx e que sustentaram o desenvolver do movimento de síntese por nós efetuado, até culminar na dimensão particular desse estudo: as experiências profissionais de assistentes sociais com grupos de usuários.

Dividido em quatro capítulos, a abordagem se inicia através do resgate da contribuição marxiana no que tange à estrutura da sociedade capitalista. Os estudos de Gramsci, por sua vez, nos possibilitaram analisar os elementos constituintes do bloco histórico e a função dos intelectuais na sociedade atual, com ênfase principal na abordagem da categoria cultura que perpassa todo o nosso estudo.

No capítulo dois, apresentamos como o trabalho do assistente social com grupos vem se transformando ao longo da história profissional, as influências teóricas e políticas que, em períodos distintos, o modela e suas conexões com o conjunto de elementos que particulariza cada um dos seus momentos sócio-históricos. É neste terreno que tentamos observar as transformações operadas tanto no perfil pedagógico do assistente social quanto no âmbito da técnica interventiva conhecida atualmente como Dinâmica de Grupo.

Nos dois últimos capítulos buscamos, por meio de um esforço de sistematização, realizar uma breve exposição de como vem se (re)configurando o trabalho de assistentes sociais em escolas da Prefeitura do Rio de Janeiro, em suas generalidades e questões particulares. Com base em análise documental e pesquisa de campo, procuramos investigar as formas que assistentes sociais pensam e executam o trabalho com grupos nas escolas onde estão inseridos e como as Dinâmicas de Grupo se revelam nesse contexto.

Convidamos o leitor a mergulhar em águas ainda insuficientemente exploradas pela corrente crítica do Serviço Social e, a partir de novos esforços reflexivos que possam posteriormente emergir, assim, contribuir com o processo de adensamento do debate de bases crítico-dialéticas acerca do trabalho atual do assistente social no campo interventivo.

Esperamos que a leitura deste livro contribua junto aos profissionais de Serviço Social — principalmente aqueles que lidam cotidianamente e de forma direta com a população usuária das políticas e serviços sociais — para um alargamento da compreensão sobre a dimensão pedagógica inerente ao trabalho do assistente social (em especial ao atuar com grupos) e do seu potencial político. Se esta expectativa for suprida em maior ou menor escala, a função principal deste livro fora plenamente satisfeita.

Carlos Felipe N. Moreira

Rio de Janeiro, junho de 2013.

Capítulo 1

Trabalho, ideologia e os intelectuais: reflexões introdutórias

1.1 Características fundamentais da categoria trabalho no capitalismo

Iniciaremos este livro justificando uma opção metodológica pouco convencional adotada em partes deste primeiro capítulo. Partimos da convicção de que as formas de explorar o processo de reflexão podem ser variadas e inovadoras. Pensar de modo crítico a partir de metodologias não tradicionais, lúdicas, criativas e que surpreendam por conta da sua novidade, por exemplo, são formas bem exploradas em muitas Dinâmicas de Grupo e que acreditamos revelar importantes potencialidades. Ferreira e Moura (2005) nos mostram que o estilo de escrita é pessoal e que os jogos de linguagem nos textos científicos no campo das ciências sociais permitem alguma flexibilidade. A linguagem, além de ter que ser clara e direta, pode e deve ser agradável ao leitor (Ibidem).

Considerando cada uma dessas preocupações inicialmente colocadas, decidimos inserir em nosso texto, ao longo deste capítulo, um personagem fictício chamado "Dimas", em uma história que misturará fantasia e realidade como duas cores que juntas formam uma terceira indissociável. O nosso Dimas é funcionário de uma indústria que importa e exporta pescados e, assim como outros tantos trabalhadores empregados que vivem em nosso país, acorda, de segunda a sábado, às quatro e meia da manhã, para cruzar a cidade e chegar ao seu local de trabalho às sete horas. Dimas tem esposa e dois filhos adolescentes e nos fará companhia buscando representar uma fração da realidade concreta em um percurso eminentemente teórico que aqui se inicia.

Sabemos que, com o surgimento do capitalismo, o trabalho ganhou novos traços. Traços estes que, apesar de bem delineados, passam comumente despercebidos pelo trabalhador. O trabalho de qualquer indivíduo passou a ser subjugado por uma série de determinações que não emerge na sua totalidade aos olhos de quem executa o trabalho por conta de uma complexa composição de ideias, valores, hábitos e sentimentos que são consentidos pela maioria, mas orientados por pequenas parcelas da sociedade interessadas em manter inquestionável e, portanto, inabalável a ordem capitalista.

Tomando como base o legado teórico-analítico deixado por Karl Marx, podemos afirmar que na sociedade capitalista o processo de trabalho é meio do processo de valorização. A ação que o indivíduo empenha sobre a natureza para transformá-la e, assim, satisfazer suas necessidades, faz parte, após o advento do capitalismo, do processo de criação e valorização do capital. O valor de uso do resultado final de uma produção perde terreno para o seu valor de troca, pois no movimento de valorização capitalista o fim objetivo das mercadorias é a sua venda, pouco importando qual será sua função prática posterior.

Pôr luz nestes processos e analisá-los com profundidade e rigor teórico é fundamental para as reflexões propostas nesta publicação, uma vez que investigar determinada estratégia de ação pensada e executada nos dias atuais por assistentes sociais — como as Dinâmicas de Grupo — precisa considerar que: 1) qualquer indivíduo que se disponha a contribuir com o desenvolvimento de uma visão social crítica junto a outros sujeitos precisa ter uma leitura de mundo sensivelmente ampliada, e, 2) tanto os usuários dos serviços sociais que são atendidos pelos assistentes sociais quanto estes próprios profissionais pertencem à mesma classe social e, portanto, estão subjugados, de uma maneira geral, aos mesmos imperativos impostos pelas elites dominantes e dirigentes. Em suma: se apropriar com clareza da complexa lógica organizacional capitalista é, de todos os ângulos, imprescindível, uma vez que não é possível protestar ou lutar a fundo contra algo que pouco se conhece e se entende.

Na sociedade capitalista, para os segmentos sociais despossuídos dos meios de produção, restam-lhe a venda da sua força de trabalho para o empregador que, durante o tempo em que dispõe para utilizar esta mercadoria (ou seja, a força de trabalho do trabalhador), a incorpora na produção de outras mercadorias.

Como o nosso Dimas vivencia isto? Ele trabalha na Elite Pesca Ltda. há cinco anos com um contrato temporário renovado a cada seis meses. Atua na esteira de produção e nunca tirou férias porque, além do receio de perder o emprego, disseram-lhe que ele não tem esse direito. O pescado que chega em caminhões refrigerados na Elite Pesca é descarregado na esteira que Dimas e mais alguns outros trabalhadores têm a função de lavá-los com água bem gelada (o chamado "choque-térmico") e avaliar quais estão bons ou não para a exportação. Dimas se depara diariamente com quilos de badejo, cherne, garoupa, cioba, polvos e camarões-vg, lavando-os e selecionando-os por tamanhos e qualidade. Por este trabalho, Dimas recebe no final do mês exatamente dois salários mínimos. Mais ou menos um trinta avos do valor do seu salário, o nosso Dimas "vê-sem-enxergar" rolar em sua frente pela esteira de produção em pouco mais de um minuto... Certamente até ao meio-dia ele já produziu um montante muito superior àquilo que ele recebe como "recompensa" mensal. Porém, ele ainda precisa voltar do almoço para continuar a trabalhar...

Contudo, como nessa relação entre o trabalhador e o comprador da sua força de trabalho inexiste qualquer acordo que limite a utilização do trabalho real até a produção do equivalente pago pelo tempo de sua ação produtiva, ou vice-versa, o burguês paga pelo trabalho aquilo que foi previamente acordado, pegando para si todo o montante restante produzido.

Sendo assim, a mais-valia produzida pelo trabalhador a partir do sobretrabalho — que em momento algum foi acordado que esta pertence ao seu agente fabricante — é que arca com os custos pessoais de um sofisticado padrão de vida que só a burguesia tem o privilégio de experimentar. A quantia paga ao trabalhador pelo seu serviço é desproporcional em relação ao valor que ele criou. O vendedor da força de trabalho recebe, por esta venda, o necessário para arcar com os seus próprios meios de subsistência diária. Deste modo, mesmo que meia jornada de trabalho seja o necessário para o vendedor da força de trabalho criar valor suficiente para manter-se vivo durante um dia, absolutamente nada o impede de trabalhar durante a jornada inteira.

O processo de trabalho submetido à lógica capitalista não é apenas um processo de produção de valores, mas sim um processo de valorização, em que a dimensão enigmática da mercadoria desempenha um papel fundamental. Quanto ao valor de uso da mercadoria, não há nada de misterioso. Seu "caráter místico", como diz Marx (1985), provém das relações sociais entre os próprios homens, do caráter social peculiar do trabalho que produz mercadorias, em que as características sociais gerais dos produtos de trabalhos privados — realizados de maneira independente um dos outros, mas universalmente interdependentes — somente entram em contato social mediante as relações que a troca estabelece entre os produtos de trabalho. A dimensão social do trabalho social total entre pessoas aparece então como relações entre coisas, que subordinam o indivíduo ao seu controle, em vez deste controlá-las, em que o processo de produção domina os homens e não o seu oposto.

O capital, porém, caracteriza-se não como uma relação entre coisas, mas como uma relação social entre homens, baseada em uma brutal e desumana exploração que é mistificada, fetichizada, para parecer natural e única aos olhos do trabalhador. O percurso para este fim é longo e alguns dos seus primeiros passos tentamos aqui expor. Nossas reflexões precisam voltar-se agora, então, para o modo como, na sociedade capitalista, essas ideias que favorecem apenas a poucos são transmitidas e assimiladas na e pela sociedade como intentos que visam o bem comum de todos. Neste sentido, a divisão sociotécnica do trabalho exerce notada influência neste processo.

Por divisão manufatureira (ou técnica) do trabalho entendemos a fragmentação em muitas partes do processo de produção de um produto. Se a fabricação de um alfinete é dividida em dezessete partes — como exemplificou o próprio Adam

Smith (apud Mészáros, 2005, p. 29) —, haverá um trabalhador especialista com a função de produzir cada uma dessas frações. O trabalhador, assim, perde não somente a noção do todo e o reconhecimento do produto final como resultado do seu trabalho — pois, para ele, seu trabalho não é mais produzir alfinetes, mas sim um dezessete avos do alfinete. O vendedor da força de trabalho perde o seu poder de barganha, pois não é mais um trabalhador que detém o conhecimento da produção de todo um produto, mas sim de apenas uma pequena parte deste. O resultado final da produção lhe causa estranhamento, afastamento, ou seja, alienação. Tal divisão apresenta contornos particulares no modo de produção capitalista[2], que tem em si um objetivo principal absolutamente coerente com os interesses do burguês: uma maior exploração do trabalho vivo e a consequente elevação dos quantitativos da produção.

Em relação a essa questão, Dimas ficou muito surpreso quando um primo seu que, enquanto viajava pela França, lhe telefonou, e durante a conversa o parabenizou pelo excelente *Crevettes Panées* que almoçou no *L'Ambroisie* noutro dia. Dimas disse surpreso:

— Você ficou maluco, Medeiros? Por acaso eu lá sou o cozinheiro desse restaurante chique aí?

O primo retrucou:

— O *chef* me confirmou que os pescados vêm do Brasil e que ele nunca viu melhores! E, Dimas, não foi você mesmo que me disse uma vez que lá onde você trabalha exportam camarões para os restaurantes mais caros da França? Tenho

2. Vale destacar que a reestruturação produtiva trouxe consigo novos modos de exploração e de controle do trabalho. Todavia, não extinguiu as formas clássicas de organização no campo da produção.

certeza que o *L'Ambroisie* está nessa lista, pois mesmo os pratos mais simples custam por volta de cem euros.

— Cem euros em um prato de camarões, Medeiros! Isso não é possível! Se isso fosse verdade mesmo era para os meus patrões venderem aqueles pescados todos para os europeus pelo olho da cara. A Elite Pesca precisaria cobrar deles mais do que uns trinta reais em um só quilo de camarões-vg! E eles me pagam tão pouco... Os coitados estão sempre dizendo que a bolsa está em baixa, que têm muitos impostos a pagar... Para mim é mentira sua, Medeiros! Mas, além do mais, eu tenho nada a ver com esses camarões que você comeu aí na França, porque minha função é só lavar e descartar os ruins. Faço só isso! Não sei de onde eles vêm, como chegam a mim, como se faz para limpar as entranhas depois que passam pela esteira em que eu fico... Nem imagino como esses bichos conseguem chegar à Europa! Mas na minha função eu sou um especialista! Trabalho como uma máquina e todas as outras coisas da firma quem tem que conhecer bem são só os meus patrões e não eu. Não estou certo, Medeiros?!

Dimas não sabe, mas enquanto a divisão manufatureira do trabalho implica a concentração dos meios de produção nas mãos de um capitalista, a divisão social do trabalho pressupõe a divisão dos meios de produção entre muitos produtores de mercadorias independentes entre si. De acordo com Marx e Engels (2002), a divisão social do trabalho apresenta estágios de desenvolvimento distintos. Da propriedade tribal — passando pela comunal e feudal — à sociedade da propriedade essencialmente privada, o homem se relacionou de diferentes maneiras entre si e com o trabalho. Para os dois pensadores, o que os homens são depende das condições materiais da sua produção, isto é, tanto com o que produzem como com a forma como produzem. "Eis, portanto, os fatos: indivíduos determinados entram em relações sociais e políticas determinadas" (Marx e Engels, 2002, p. 18).

Sendo a consciência um produto social inerente à atividade de produção e de troca dos homens, ela é determinada, portanto, pela realidade, pela vida real e concreta, e não o seu oposto. De acordo com Marx e Engels, com o desenvolvimento da divisão social do trabalho, ao chegarmos à divisão entre trabalho material e trabalho intelectual, a consciência pode e deve entrar em conflito com a força produtiva e com o estado social. Veremos a seguir alguns dos elementos que obstacularizam tal conflito.

1.2 Relações entre trabalho e ideologia

Segundo a teoria marxiana, a ideologia funciona como uma verdadeira "câmera escura" (Marx e Engels, 2002), responsável por fazer com que os homens e suas relações apareçam invertidas, de ponta à cabeça. Deste modo, a moral, a religião, a metafísica e todo o restante da ideologia representa na sociedade capitalista a nuvem que esfumaça a realidade, que busca impossibilitar que os homens desvendem as contraditórias engrenagens que movimentam a vida social. A dominação ideológica impede que os segmentos sociais subalternizados superem a dicotomia entre o pensar e o agir. E mesmo quando o inaceitável pode parecer óbvio para alguns, um único detalhe contribui para pôr as coisas às avessas. A seguir, um pequeno exemplo ilustrativo:

Das sete às dezesseis horas (com o intervalo de uma hora para o almoço), Dimas, como dissemos, manuseia peixes, polvos e crustáceos lavando-os e selecionando-os por tamanhos e qualidade. Os que estão dentro dos padrões seguem sua viagem pela esteira que tem como destino final serem servidos, após preparados, à mesa de bons restaurantes internacionais, mas aqueles abaixo do padrão têm como próxima parada o *refugo de produção*. Refugo é sinônimo de resto, aquilo que foi rejeitado e para onde vai a parte da produção descartada. Mas se engana quem pensa que Dimas e os outros trabalhadores da Elite Pesca nunca saborearam aqueles pescados que são vendidos aos europeus a "peso de ouro". Como para os donos da indústria seria muito mais caro se responsabilizar pelo descarte final do refugo (pois precisariam contratar uma empresa que fizesse o serviço de coleta e descarte final em local apropriado), os patrões de Dimas preferem que seus funcionários dividam o resto da produção entre si e que cada um leve parte deste lixo produzido pela fábrica para suas próprias casas para que, normalmente, se transformem no almoço de domingo. Por isso não é raro ouvir de trabalhadores da Elite Pesca Ltda. (seja na fábrica, seja em suas casas) que "quem tem patrões bons como esses, tem tudo na vida!"...

Segundo Hegel (1992), saber algo falsamente significa que o saber está em desigualdade com a sua substância. Mészáros, por sua vez, nos diz que "a verdade é que em nossas sociedades tudo está 'impregnado de ideologia', quer a percebamos, quer não" (2007, p. 57). Não são poucas as teorias sociais que contribuem para o adensamento das ideias convergentes à ideologia. Para Durkheim, herdeiro do pensamento de Auguste Comte, o "natural" e o "social" são conceitos que em quase nada se diferenciam. Na natureza do social, as partes do corpo devem funcionar em harmonia. De acordo com a sua teoria, para que reine certo consenso na sociedade, deve-se favorecer o aparecimento de uma solidariedade entre seus membros.

Enquanto Marx foi extremista em sua conhecida passagem sobre o Estado (extremismo este explicável pelo contexto sócio-histórico da sua época), afirmando que o poder político do Estado moderno não é nada além do que um comitê para administrar os negócios comuns de toda classe burguesa (2004, p. 47), Émile Durkheim (1995), desconsiderando os elementos do antagonismo de classes, pensa o Estado como um "poder diretor", o "cérebro social", sendo, na perspectiva da luta de classes, um órgão neutro. O Estado é portanto um órgão autônomo que, por pensar a sociedade, age sobre ela.

Na análise durkheimiana não há menção alguma ao consenso que vem das fábricas e à ideologia cunhada pela burguesia. Para o filósofo francês, a discussão está circunscrita ao campo da força moral e não no terreno concreto da luta de classes. Mas se não são poucas as teorias que, apesar de por vezes apresentarem algumas críticas, não se propõem à superação do capitalismo, outras tantas têm no seu viés transformador o âmago da sua causa.

Se por um lado Karl Marx é historicamente conhecido por suas revolucionárias teorias que tangem — consubstancialmente, mas não exclusivamente — o campo da economia, Antonio Gramsci, pensador italiano nascido em 1891 e, depois de preso por dez anos nas prisões fascistas, falecido em 1936, é considerado por muitos como o "teórico da política". Não desconsiderando toda a influência leninista em Gramsci, podemos afirmar sem receios de equívocos que o ponto de partida da teoria gramsciana é justamente o ponto mais distante que Marx chegou com suas reflexões sobre a organização social nos tempos capitalistas.

Não é raro ouvirmos que Gramsci foi o responsável pela ampliação da teoria do Estado. Contudo, a partir de uma análise atenta, o mais correto é afirmar que o pensador italiano em seus estudos alargou de tal forma o entendimento de sociedade civil que, por consequência, ampliou de sobremaneira aquilo que conhecemos como Estado. Se Marx e Engels (2004), tomando como base as sociedades orientais de sua época, disseram, como vimos, que o poder político do Estado moderno não é nada além do que um comitê para administrar os negócios comuns de toda classe burguesa, Gramsci, sobre o terreno de uma Itália datada já do século XX, vai mostrar que o Estado burguês é parte constitutiva da superestrutura social e, assim sendo, sujeito a todas as intempéries inerentes à arena da luta de classes. Se o pensamento dialético pauta-se na perspectiva da totalidade e da historicidade, não é outra a perspectiva do autor em questão.

Para Gramsci, é no plano superestrutural que se localiza tanto a sociedade política — ou seja, o Estado — quanto a chamada sociedade civil. A primeira comporta a estratégica função do domínio social. Dito de outra forma, a sociedade política é a responsável, no que diz respeito à manutenção da ordem vigente, pela coerção, utilizando-se para tal fim os aparelhos repressivos estatais. Contudo, o domínio só se torna prática imprescindível quando a direção hegemônica está abalada. Ou seja, na democracia burguesa (diferentemente das ditaduras), o controle da liberdade[3] se dá mais pelas ideias dominantes do que propriamente pela força física. Algo que podemos observar a seguir com o Dimas.

Aos domingos, além do já tradicional almoço com peixes e frutos do mar na casa de Dimas, o único dia semanal em que o nosso personagem não precisa trabalhar é ocupado com as

---

3. Liberdade de pensar, liberdade de decidir os seus próprios rumos, liberdade de viver da maneira que realmente deseja.

atividades que estão ao seu alcance e conhecimento. No seu dia de folga pela manhã, Dimas costuma ir com seus dois garotos ao campinho de futebol da praça que há no centro do bairro onde moram. Dia desses, enquanto assistia ao futebol dos rapazes — que pareciam ter ferraduras nos pés para suportar correr tanto tempo descalços naquele campo de terra batida sob um sol de verão —, Dimas notou que no recuo da calçada do outro lado da rua (que serve de estacionamento para os que frequentam tanto a pracinha quanto as lojas ao seu redor) tinha um belo carro importado, vermelho com vidros pretos, que ele mal sabia dizer o nome. Ficou espantado porque não era comum um carrão daquele, que tanto destoava dos demais, no seu bairro. Pensou que na certa se tratava do figurão que só vai até Longenópolis ver em que pé andam os seus negócios, pois todos do bairro sabem que os quatro dos cinco maiores estabelecimentos do centro pertencem a um sujeito só. Dimas tinha um misto de admiração e inveja por aquele homem. Alguém que, com quase a mesma idade de Dimas, tinha conseguido ganhar tanto dinheiro e ter tantos empregados trabalhando para si, além de um lindíssimo carro importado vermelho. "Mas fazer o quê?" — falou baixinho para si mesmo. — "Ele deve ter trabalhado muito para conseguir tudo isso", concluiu conformado.

— Quem trabalha muito é você, pai! Aquele cara vive é do trabalho duro dos outros!

— Quer me matar do coração, moleque?! Nem vi você chegar... Quem ganhou o jogo? E da onde você tem tirando essas ideias malucas, hã?! Você por acaso não sabe que as coisas são assim mesmo? "Deus ajuda a quem cedo madruga", já dizia o meu avô! Você não vê todo dia na televisão que basta você ter força de vontade para vencer na vida? A novela que sua mãe gosta mostra tudo isso! Parece que não te ensinam nada na escola!

— Mas é na escola mesmo que tenho aprendido um monte dessas coisas novas, pai. Tem uma dona lá que faz a gente pensar "pra caramba" com umas brincadeiras que ela inventa!

— E escola lá é lugar de brincadeiras, moleque?! E chame logo o seu irmão pra gente ir pra casa almoçar porque sua mãe já deve ter voltado da igreja. E eu duvido que ela vá concordar com você! Ah, se o padre sabe disso!

O ponto de vista de Dimas é reflexo de uma das consequências do fato de que a classe que está no poder, valendo-se de sua posição diferenciada, apropria-se e busca utilizar — nos termos de Gramsci — os "aparelhos privados de hegemonia" para difundir socialmente suas próprias ideias. São principalmente as escolas, as igrejas e meios de comunicação de massa em geral os veículos centrais disseminadores dos pensamentos e valores burgueses. Tendo em vista que a consciência é um produto resultante da própria sociedade (Marx e Engels, 2002), os aparelhos privados de hegemonia estão para a consciência assim como as fábricas estão para as mercadorias.

Para Gramsci, a estrutura (que é o campo daquilo que ele também chama de sociedade econômica) e a superestrutura formam o que ele denomina de bloco histórico, isto é, um conjunto complexo e contraditório, em que a superestrutura é ao mesmo tempo o reflexo e o balizador do conjunto das relações sociais de produção. Porém, é preciso observar que a relação entre superestrutura e estrutura não se dá abstratamente, ela acontece de maneira concreta, histórica. Marx não nos deixa dúvidas ao comparar a ideologia com uma câmera escura. Como vimos, a ideologia tem a função e a capacidade de inverter as imagens formadas nas "retinas das visões de mundo". Da mesma forma que seria extremamente interessante e vantajoso para os senhores de engenho se seus escravos sempre trabalhassem conformados de suas "obrigações naturais", para os "senhores de fábrica" não há melhor cenário do que seus trabalhadores considerarem como verdade absoluta o que reza a ideologia: a crença de que tal modo de produção não é apenas o melhor; é também o único e inevitável.

Mantendo a mesma perspectiva marxiana, na teoria gramsciana a ideologia é o cimento que faz parte da edificação e da unificação de todo bloco histórico. Para Gramsci, a ideologia "se manifesta implicitamente na arte, no direito, na atividade econômica, em todas as manifestações de vida individuais e coletivas" (1984, p. 16). As ideologias são inerentes ao campo da práxis e conformam as diferentes dimensões do campo da cultura. Ideologias, como concepções de mundo na perspectiva gramsciana, estão relacionadas às elaborações filosóficas que se diferenciam nos seus graus de abstração. Tais elaborações vão desde aquelas pouco desenvolvidas devido às particularidades limítrofes próprias daquilo que Gramsci chama de folclore, até às composições filosóficas que superaram as amarras do senso comum.

> A classe que dispõe dos meios da produção material dispõe também dos meios da produção intelectual, de tal modo que o pensamento daqueles aos quais são negados os meios de produção intelectual está submetido também à classe dominante. Os pensamentos dominantes nada mais são do que a expressão ideal das relações ideais dominantes; eles são essas relações materiais dominantes consideradas sob forma de ideias, portanto a expressão das relações que fazem de uma classe dominante; em outras palavras, são as ideias de sua dominação. (Marx e Engels, 2002, p. 48)

Temos então um processo que impõe às classes populares uma posição de subalternidade: para os interesses do capital, a classe trabalhadora não deve ter, grosso modo, sua própria cultura, sua própria concepção de mundo, mas sim absorver as culturas das classes dominantes de maneira heterogênea, desorganizada e passiva, afastando a possibilidade de um pensamento adensado de capacidade crítica. Com isso, mesmo que por vezes os trabalhadores se rebelem; tal fato tende a não passar de um abalo que não consegue se traduzir em uma política de fato. A subordinação cultural, ideal, está por detrás desta cena e bem presente na que vem a seguir.

Ao chegar em casa, os dois craques de Dimas foram logo tomar um bom banho, pois depois de quase duas horas de futebol naquele campinho de terra batida — além de tirar o coro dos pés desacostumados — o jogador sai quase que totalmente pintado de cor de barro. Dimas foi para o sofá esperar sua esposa terminar de preparar a mesa para servir o almoço que já estava pronto.

— Badejo com pirão de peixe bem grosso, do jeito que você gosta, Dimas.

— Santa Elite Pesca, Doneide! — disse ele.

Talvez Dimas tenha dito o adjetivo no sentido literal da palavra, pois em suas orações que fazia mentalmente antes das refeições — principalmente as de domingo — o agradecimento religioso pelo alimento misturava a bênção divina com a bondade dos seus patrões.

Tito e Paulinho, um mais faminto que o outro, chegaram quase ao mesmo tempo para sentar à mesa. Porém a recepção de Dimas não foi das melhores:

— Quantas vezes eu já lhes disse que a hora da refeição é sagrada, seus moleques?! Vocês sabem muito bem que eu não aceito atraso! Aqui a gente tem hora certa para começar a comer, igual na Elite Pesca e na escola de vocês! Vocês não aprendem nunca?!

— Por que, pai?

— Porque sim, Tito. E não fique questionando o seu pai...

— Esse garoto agora deu pra isso, Doneide. Tudo questiona!

— E você não questiona nada, pai.

— Já disse pra ficar quieto, Tito. Seu pai não gosta disso.

— Não sou eu que não gosto disso não, Doneide. É o mundo todo que não gosta disso! Tito, você já viu por acaso sua mãe duvidando do que o padre diz na missa? Ou seu irmão Paulinho questionando a professora dele na escola? Ou então eu perguntando pro meu patrão por que ele é rico e eu, que trabalho tanto, sou pobre? Ninguém gosta de quem vive perguntando as coisas!

— Por que, pai?

— Porque não precisa perguntar, seu moleque! As coisas são assim e ponto! Você não vê na televisão, nos filmes, na novela? Nunca leu um jornal na sua vida?

Paulinho então resolve entrar na conversa:

— O Tito só quer saber de ouvir aquelas músicas esquisitas, pai.

— O nome daquilo é *rap*, seu mané! E não é música esquisita. É música que faz a gente pensar na nossa vida, pensar nesse mundo injusto cheio de desigualdades. É cultura *Hip Hop*.

— Você ficou maluco, moleque?! Se já fala assim com quinze anos daqui um tempo vai acabar virando sindicalista. Agora veja só! Chamar aquilo de cultura? Nunca vi aquelas músicas tocarem no rádio e nem alguém cantar aquilo na televisão. Você sabe por acaso o que é cultura?

Tito e Dimas provavelmente ainda não sabem, mas Gramsci trabalha com uma concepção ampla da categoria cultura. Para Gramsci, a cultura de um povo ou de um grupo social está relacionada à religião, filosofia, moral, educação, linguagem, aos costumes, ao fazer político etc. O pensador italiano pensa a cultura e suas diversas formas de expressão ligadas à visão de mundo de uma sociedade ou de um segmento social. Cultura e política aparecem aqui como questões indissociáveis, pois cultura é, para Gramsci, um dos instrumentos da práxis social, sendo esta, justamente, o meio que pode propiciar aos indivíduos uma consciência criadora da história, fundadora de novos modos de sociabilidade.

Segundo Gramsci, a consciência do indivíduo é uma questão fundamental para o estudo da cultura, pois "a organização cultural [...] movimenta o mundo ideológico" (1984, p. 29). Sabemos que no bojo do complexo processo de manutenção do *status quo* encontra-se presente nas relações sociais a necessidade de leituras de mundo majoritariamente baseadas naquilo que conhecemos como senso comum. Nos termos de Gramsci, senso comum representa: "'pensar' sem disto ter consciência crítica, de uma maneira desagregada e ocasional, isto é, 'participar' de uma concepção de mundo 'imposta' mecanicamente pelo ambiente exterior" (Ibidem, p. 12). O significado da construção de culturas originárias dos trabalhadores e sua posterior difusão dentro da própria classe coloca-se como fundamental quando almejamos o processo de tomada de consciência da classe subalternizada. Pois, "criar uma nova cultura não significa apenas fazer individualmente descobertas 'originais'; significa também, e sobretudo, difundir criticamente verdades já descobertas (Gramsci, 1984, p. 13).

Faz-se necessário então todo um processo prático-político a fim de que as classes subordinadas tornem-se autônomas, se deem um partido, uma linha política, uma concepção cultural. Então conquistada essa autonomia, lutam para se tornar hegemônicas, dirigentes, mesmo antes da conquista do poder. Sabemos que ao longo do tempo, a forma como se organiza a superestrutura social busca atender diretamente aos interesses de uma minoria. Fato é que, para manter a ordem social, a burguesia precisa continuamente revolucionar suas relações de produção e, por consequência, o conjunto das relações sociais. Dessa forma, o trabalhador, "estrato inferior da atual sociedade, não pode erguer-se, pôr-se de pé, sem que salte pelos ares toda a superestrutura dos estratos que constituem a sociedade oficial" (Marx e Engels, 2004, p. 56). Neste contexto é que se inscrevem as funções dos intelectuais.

1.3 O papel prático-político dos intelectuais

É importante expormos que todo indivíduo fora do âmbito da produção desenvolve uma atividade intelectual qualquer, ou seja, é um "filósofo" que participa de uma concepção de mundo, possui uma linha de conduta moral, contribuindo para manter ou para modificar uma concepção de mundo (Gramsci, 1985). Antonio Gramsci pondera diferentes modos que os indivíduos têm de lerem o mundo em que vivem. Alguns pouco elaborados, como o senso comum e o folclore;[4]

4. Gramsci diz que todo o sistema de crenças, superstições, opiniões, modos de ver e de agir — consequentes da filosofia contida na religião popular — se manifestam naquilo que se conhece geralmente por "folclore" (1984, p. 11).

outros bem mais complexificados, como aqueles próximos aos limites "máximos" do sentido de intelectual: a arte, a filosofia e a ciência. Com base em Gramsci (Ibidem), podemos dizer que todos os homens são intelectuais, pois toda atividade física, mesmo a mais mecânica e degradante — como aquelas impostas pela divisão técnica do trabalho —, requer um mínimo de atividade intelectual criadora. Porém, nem todos os homens desempenham na sociedade a função de intelectuais.

De acordo com o pensador, o intelectual representa uma elaboração social superior, já caracterizada por certa capacidade dirigente e técnica. Vale diferenciarmos rapidamente os tipos de intelectuais com os quais Gramsci trabalha. Para o autor, os intelectuais orgânicos são aqueles que "cada nova classe cria consigo e elabora em seu desenvolvimento progressivo" (1985, p. 8). Esses intelectuais atuam ou a favor da burguesia ou a favor dos trabalhadores (sempre relacionados a uma das classes), dependendo para tal, portanto, da vinculação orgânica destes com uma determinada classe. Já os intelectuais tradicionais particularizam-se pela sua autonomia e independência em relação à *organicidade* com qualquer classe social. São grupos sociais de ininterrupta continuidade histórica. Ou seja, os intelectuais do tipo tradicionais já existiam antes da mudança do modo de produção e reprodução social e, passada a revolução, continuam a existir.[5] É fundamental ainda destacar que:

---

5. Não poderíamos deixar de mencionar, pela centralidade que tem no pensamento gramsciano (decorrência da sua importância fundamental no processo da luta de classes), o partido político, ou seja, o intelectual coletivo. Contudo, tendo em vista que tal tema se afasta relativamente das reflexões pretendida neste trabalho, ao intelectual coletivo está dedicada esta simples mas imprescindível nota.

> Uma das mais marcantes características de todo grupo social que se desenvolve no sentido do domínio é sua luta pela assimilação e pela conquista "ideológica" dos intelectuais tradicionais, assimilação e conquista que são tão mais rápidas e eficazes quanto mais o grupo em questão elaborar simultaneamente seus próprios intelectuais orgânicos. (Gramsci, 1985, p. 12)

Portanto, a formação de novos quadros de intelectuais organicamente ligados à classe subalternizada é meio essencial no processo de superação do capitalismo. O conhecimento da centralidade deste tema permite que os indivíduos da classe trabalhadora atuem politicamente (seja no campo profissional, seja na militância específica) com a perspectiva de adensar cada vez mais tais quadros. A função estratégica do intelectual orgânico da classe explorada requisita deste um entendimento de mundo consubstancialmente afastado do censo comum, distante das ideias e valores contidos na ideologia: um indivíduo crítico, com leituras da realidade coerentes com os interesses da maioria e condizentes com a superação da sociedade do capital. O desenvolvimento de "elites intelectuais de novo tipo, que surjam diretamente da massa e que permaneçam com ela para tornarem-se os seus tentáculos" (Gramsci, 1985, p. 27), é o que, quando satisfeito efetivamente, tem o potencial concreto de modificar o panorama ideológico de uma época (Idem, ibidem).

Para Gramsci, não existe organização sem organizadores e dirigentes, como também não há intelectuais sem classe (1985, p. 3). Os intelectuais são criadores e difusores das concepções de mundo de uma classe ou outra. Não estabelecem uma relação imediata com o mundo da produção, pois "é 'mediatizada' em diversos graus por todo o contexto social, pelo conjunto das superestruturas do qual os intelectuais são precisamente os 'funcionários'" (Gramsci, ibidem, p. 13).

Antes de finalizarmos este capítulo, precisamos dar um desfecho à saga de Dimas. O fim dessa história teve seu início no momento em que Dimas ficou furioso quando Doneide lhe disse que a diretora da escola em que Tito estuda convidou o seu responsável para conversar com a assistente social. Irritou-se ainda mais após saber que, no dia marcado, Doneide não poderia ir à escola por conta de uma consulta médica agendada há algum tempo e, com isso, a tarefa caberia a ele. Primeiro Dimas pensou se o seu patrão permitiria que ele chegasse mais tarde ao trabalho por um motivo — que para Dimas na certa ele acharia — tão sem importância como esse. Depois pensou no porquê de a diretora da escola estar chamando o responsável do Tito para ir até lá. "O que aprontou aquele moleque?", imaginou. E, por último, indagou em voz alta: o que uma assistente social quer comigo?

No dia e na hora marcada lá estava Dimas. O supervisor de produção da Elite Pesca permitiu que Dimas chegasse um pouco mais tarde, com a exigência de que ele compensasse o período ausente após o expediente. Chegou à escola e foi procurar pela diretora. Esta pediu para que ele aguardasse na sala ao lado, onde já se encontravam alguns outros responsáveis também convidados. Dimas entrou e, sem jeito por estar pela primeira vez na escola que seus filhos estudam há anos, deu um bom dia meio seco. Sentou-se em uma das cadeiras que formavam um círculo e ficou aguardando em silêncio. Na sala, além do círculo formado pelas cadeiras, havia somente mais uma mesa e algo sobre ela que Dimas não reparou de início. Poucos minutos se passaram e, após mais algumas pessoas chegarem, Valentina entrou na sala.

— Bom dia. Sejam bem-vindos e muito obrigada pela presença de todos. Meu nome é Valentina. Sou assistente social da escola e vou, nessa manhã, conversar um pouco com vocês sobre alguns assuntos que dizem respeito a todos nós. Mas primeiro vamos nos conhecer. Eu gostaria que cada um dissesse o seu nome, de qual aluno é responsável e por que acha que foram convidados para virem à escola. Quem gostaria de começar?

Dimas ficou logo tenso. Estava imaginando até então que precisaria, durante todo o encontro, falar somente o seu nome e o do Tito. Pensava que bastaria ficar sentado enquanto ocorria a reunião, ouvindo reclamações pelo comportamento de Tito e lições de como cuidar dos seus filhos (pois era exatamente assim que Doneide lhe descrevia a maioria das reuniões em que ela foi chamada a participar na escola).

Por culpa do nervosismo, não prestou atenção na fala dos outros participantes e nem notou que sua vez tinha acabado de chegar. Falou rápido e meio assustado:

— Meu nome é Dimas e sou pai do Timóteo.

A assistente social Valentina perguntou:

— E por que o senhor acha que foi convidado para vir aqui, seu Dimas?

— Não sei não, senhora... Acho que meu filho deve ter aprontado alguma e vou levar uma bronca por isso. Acertei?

— Felizmente o senhor também errou, seu Dimas. Ninguém foi convidado para vir até aqui para levar bronca! Até porque quando a gente não é bem tratado em algum lugar, nunca mais queremos voltar lá, não é mesmo? Na verdade vocês não são os meus convidados, pois quem pediu para que chamássemos vocês foram seus próprios filhos, ou netos, irmãos ou sobrinhos que estudam nessa escola.

Dimas então ficou confuso. Por qual motivo Tito iria querer que seus pais fossem até a escola dele? "Afinal, escola não é lugar de adulto", pensava Dimas. Achava também que escola é para quem não sabe ler, escrever e fazer contas. E isso ele sabia, mesmo que só um pouco.

Valentina, ao retomar a palavra, perguntou aos presentes se alguém conhecia ou já tinha ouvido falar em "Grêmio Estudantil". Algumas respostas imprecisas foram dadas e a assistente social tratou de esclarecer e complementar as informações. Acontece que aquele grupo presente na sala era formado justamente pelos responsáveis dos alunos que compunham a nova chapa há pouco tempo eleita para o Grêmio. Dimas quase não acreditou, pois, para ele, Tito era apenas um moleque estranho que só queria saber de questionar tudo e daquelas músicas esquisitas que vivia ouvindo... Na cabeça do seu pai, Tito não combinava com aquelas palavras pouco ditas no seu dia a dia que a assistente social tinha acabado de falar: participação política, protagonismo juvenil e outras que Dimas estava ainda menos familiarizado.

— Então — prosseguiu Valentina — um dos objetivos do Grêmio eleito é aproximar a família da escola. Eu tenho feito encontros semanais com esses alunos para pensarmos estratégias de como alcançar as propostas que eles fizeram durante a campanha. E uma das ideias dos alunos do Grêmio foi começar essa aproximação justamente pelos seus próprios responsáveis. O nome dessa nova gestão do Grêmio é "*Pensar diferente para agir diferente*". E é justamente isso que vamos tentar fazer um pouco hoje usando uma Dinâmica de Grupo chamada "Corrida na Floresta".

"Dinâmica", "corrida", "pensar diferente". Tudo isso para Dimas soava muito estranho, afinal ele tinha ido até à escola só para ouvir algumas reclamações sobre seu filho. A brusca mudança no roteiro que ele havia estabelecido mentalmente estava deixando-o cada vez mais confuso e um pouco desconfiado. Sua desconfiança aumentou ainda mais quando a assistente social começou a explicar a Dinâmica de Grupo: em um saquinho havia alguns pequenos pedaços de papel dobrados e em somente um destes papéis estava escrito a palavra "leão". Em três outros papéis estava a palavra "raposa" e em todos os demais estava escrito "rato". Havia na mesa — que estava posicionada em um dos cantos da sala de aula — diversas balas e bombons que Valentina tinha espalhado anteriormente. A assistente social pediu para que cada participante pegasse um papelzinho daqueles que estavam dobrados e lesse para si o que tinha nele escrito.

"Rato", leu Dimas e guardou o papel em sua mão fechada. Mas fez questão de ler mais uma vez, só para ter certeza de que não estava enganado.

Valentina então perguntou ao grupo se todos gostavam dos doces que estavam sobre a mesa. Todos responderam positivamente e com sorrisos que comprovavam a resposta. A assistente social pediu para que quem tivesse pegado o papel com a palavra "leão" fosse até à mesa e servisse-se à vontade. Uma sortuda senhora deu um leve grito de alegria. Meio acanhada, caminhou tranquilamente e, sem pressa alguma, escolheu os melhores bombons que podia. Quando ameaçou já ter terminado, a assistente social falou que ela, por ser o leão, teria todo o tempo que desejasse. Então a senhora deu meia-volta e pegou mais algumas balas justificando: "essas vou dar para os meus netos".

Valentina, dando prosseguimento à Dinâmica de Grupo, disse:

— Agora chegou a vez das raposas. As três pessoas que sortearam os papéis com a palavra "raposa" terão só cinco segundos para irem juntas pegar seus doces.

Após a explicação da assistente social, as três raposas do grupo se prepararam para a disputa. Valentina disse "já" e, depois de contar até cinco, gritou "chega". Foi o suficiente para as raposas apanharem os bombons que sobraram, deixando sobre a mesa somente uma porção de balas bem menor do que aquela do início da Dinâmica.

Por fim, chegou a vez dos ratos. Todos os outros sete participantes, incluindo Dimas, levantaram e aguardaram o sinal da assistente social para pegarem o que restava na mesa. Valentina disse mais uma vez "já" e os ratos correram em direção aos doces para se servirem e, nesta corrida, quase derrubaram a mesa. Em instantes já não havia mais nada. Dimas reclamou da sorte por conseguir só três balas, mas animou-se quando notou que algumas mulheres nem isso tinham conseguido.

O clima entre todos na sala estava bem descontraído, pois, afinal, o que era aquilo tudo senão uma grande brincadeira? Brincadeira? Dimas começou então a repensar algumas certezas suas. Lembrou da vez que discordou de Tito quando o garoto disse a ele a respeito de sua escola: "Tem uma dona lá que faz a gente pensar 'pra caramba' com umas brincadeiras que ela inventa!". Agora faltava para Dimas apenas entender o que Tito queria dizer com o "pensar 'pra caramba'". Mas isso ele estava prestes a descobrir.

Todos na sala voltaram a ocupar seus lugares iniciais no círculo de cadeiras. Poucos saboreavam bombons, alguns chupavam balas e outros nem isso. A assistente social perguntou ao leão da Dinâmica como tinha se sentido. A senhora respondeu imediatamente: "Me senti uma privilegiada. O rei da floresta!". As raposas disseram terem se sentido satisfeitas porque, apesar de não terem sido privilegiadas como o leão, a maioria dos outros participantes esteve numa situação bem pior do que a delas. Os ratos, por sua vez, afirmaram terem se sentido como verdadeiros ratos, pois só comeram o resto dos doces. Afirmaram que não era justo apenas um pegar o melhor do banquete enquanto a maioria ficou com as migalhas. Valentina propôs ao grupo o seguinte desafio:

— E se, em vez de pensar em uma floresta, quiséssemos refletir como isso ocorre na sociedade em que vivemos?

Um silêncio próprio do momento do pensamento tomou a sala. Sabiamente Valentina não o quebrou e deixou o silêncio prolongar por mais alguns segundos. Rostos de dúvidas e de surpresa passaram a compor o cenário daquela sala de aula. A assistente social então perguntou se na "floresta" em que vivemos existem mais leões, raposas ou ratos. Rapidamente alguém respondeu ratos e todos concordaram. Valentina questionou mais uma vez:

— E quem seriam os leões da nossa sociedade?

Os primeiros citados foram os políticos, os banqueiros e os empresários. Mas na cabeça de Dimas, curiosamente, só uma figura povoava seus pensamentos. Uma figura, até então, imune às críticas de Dimas. Mas enquanto ele questionava-se em relação à correção daquela ideia que acabara de ter, foi surpreendido por algo que havia discordado de modo veemente noutro dia. Um dos participantes disse aquilo que Tito já havia "blasfemado" antes:

— O meu patrão então também é um leão. Ele é o dono de quatro lojas aqui no centro de Longenópolis. Vocês precisam ver o carrão importado vermelho que tem! Isso não é justo: um só homem que ficou muito rico explorando o trabalho duro de tantos outros. Ele tem mais dinheiro do que todos seus empregados juntos!

Aquela fala estremeceu ainda mais algumas antigas certezas de Dimas, pois dessa vez quem questionou o "inquestionável" não foi Tito — um moleque estranho que discordava de tudo —, mas sim um homem trabalhador, honesto e castigado pela vida dura assim como Dimas, que certamente também trabalhava arduamente para sustentar a si e a sua família.

Com uma sensação meio de culpa e meio de revolta, Dimas finalmente tomou coragem e falou de modo firme e convicto para aquela "dona" — que, sem ele perceber, já estava permitindo-o começar a ver melhor o mundo por outros ângulos até então pouco explorados — quem era a figura que veio imediatamente à sua cabeça quando perguntado quem seriam os leões da nossa sociedade:

— O meu patrão, dona Valentina!

— E por que você acha que o seu patrão também é um leão, seu Dimas?

Sem pestanejar e mostrando muito conhecimento sobre o assunto que relatava ao grupo, Dimas falou do seu desgastante trabalho na esteira de produção da Elite Pesca, do baixo salário que recebia e dos direitos às férias e ao 13º salário que — a partir de uma posterior intervenção da assistente social sobre essas questões — acabara de descobrir que estavam sendo negligenciados há anos. Mas o que mais tocou ao grupo e, principalmente, ao nosso Dimas foi o instante em que ele, ao explicar a todos o que era o *refugo de produção*, ficou alguns segundos sem saber o que pensar quando a assistente social perguntou a todos se poderíamos fazer algum paralelo entre o refugo de produção com as poucas balas que sobraram para os ratos na Dinâmica.

As sobras do refugo nunca tiveram para Dimas uma conotação negativa. Mas para grande parte do grupo que participava da Dinâmica sim! Alguns afirmaram que os ratos desse mundo sujo em que vivemos eram eles próprios. Uma senhora disse que, na opinião dela, os donos da empresa em que Dimas trabalha deixam só as migalhas para seus empregados. Um rapaz, que até então pouco tinha falado, disse que se o refugo de produção são os restos, com certeza quem os come não são os leões.

Certamente aqueles eram pontos de vistas que divergiam da ideia de que o refugo era uma gentileza, uma solidariedade típica dos nobres de coração. Dimas não discordou daquelas opiniões novas — até porque faziam muito sentido quando comparadas com aquilo que ele acabara de experimentar com a Dinâmica de Grupo — e também não concordou. Mas refletiu.

A dúvida fez Dimas levar dias pensando naquelas questões e chegar a conclusões por conta própria. Elaborações novas oportunizadas a partir de metodologias não tradicionais, lúdicas, criativas e que possibilitaram a revelação de contradições até então ocultadas há tanto tempo. "E as raposas?", pensou Dimas, já que a reunião com a assistente social terminou sem tal discussão em função do tempo que se esgotou tão rapidamente. As raposas, concluiu, estão em uma situação nem tão boa quanto os leões e não tão ruim quanto os ratos. Pensou em seu primo Medeiros: as raposas estão viajando pela Europa e comendo em restaurantes parisienses os camarões que os ratos brasileiros enviam para lá!

Aquela ida à escola e a experiência que teve com a Dinâmica de Grupo coordenada pela assistente social não transformou o modo de pensar de Dimas em algo totalmente diferente e nem tão pouco fez com que ele deixasse de ser, de uma hora para a outra, o sujeito conformista e acrítico que, ao longo de sua vida (assim como qualquer trabalhador de uma forma geral), foi ensinado socialmente a ser, graças, sobretudo, aos aparelhos privados de hegemonia capitalista via processos complexos. Dimas prometeu para Valentina e para si mesmo que, sempre que pudesse, aceitaria com muito prazer os próximos convites de ir à escola de seus filhos e participar novamente de encontros como aquele.

"Pensar diferente para agir diferente". De qualquer forma esta frase lhe fazia bem mais sentido do que antes. E Tito, com todos seus questionamentos, apresentava-se cada vez menos estranho aos olhos de seu pai. Dimas sempre sorria meio envergonhado quando lembrava que Valentina, aquela assistente social que lhe pareceu tão inteligente e culta, tinha distribuído para cada participante a letra impressa e colocado para tocar no final do encontro justamente uma daquelas músicas esquisitas que Tito tanto ouvia: um *rap*. E não é que Dimas até gostou? Vez ou outra, quando estava saindo para trabalhar, pegava-se cantarolando um pequeno trecho que decorou da música por lhe soar tão familiar: "Mais um dia de trabalho, querido diário. Eu 'ralo' feito 'otário' e ganho menos do que eu valho, mas necessito do salário que é bem menos que o necessário [...]".[6]

Um leão é forte e poderoso, mas, como os ratos são a grande maioria, quando esses se juntarem derrubarão todos os leões

---

6. Música de autoria do *rapper* Gabriel, o Pensador. Ela compõe a primeira faixa do seu disco "Ainda é só o começo", lançado em 1995 pela gravadora *Sony Music*.

que se colocarem no caminho. Não sabemos se Dimas fez ou não essa reflexão, mas pelo menos a "Corrida na Floresta" permitiu que alguns novos passos fossem dados neste sentido.

Marx e Engels (2004) não nos deixam dúvidas quando afirmam que a burguesia fornece aos trabalhadores as armas contra si mesma. Organizar o "exército" e instrumentalizá-lo com essas armas é uma árdua tarefa que certamente não será realizada, então, por intelectuais comprometidos com as ideias e valores inerentes à lógica do capital.

Buscaremos nos próximos capítulos pôr foco em uma das variadas possibilidades que se apresentam no cotidiano profissional de assistentes sociais e que, na nossa leitura, guardam potencialidades significativas no que tange ao processo de construção/fortalecimento de novas culturas que se afastam dos vieses impostos pelas culturas tradicionais: as Dinâmicas de Grupo. Mas, para uma análise do trabalho do assistente social na atualidade, primeiro precisamos destacar as transformações culturais que se operaram dentro do Serviço Social ao longo de sua história, sobretudo no que tange ao trabalho com grupos e a incidência das Dinâmicas nestas ações.

Capítulo 2

O trabalho com grupos no Serviço Social e a incidência das Dinâmicas de Grupo:

recuperações históricas e análises contemporâneas

Compactuamos com a concepção gramsciana de que cultura e política são elementos indissociáveis. A cultura de determinados grupos sociais é, portanto, a base fundante do direcionamento político que estes empenham em suas ideias e ações. Os arcabouços culturais dos segmentos sociais apresentam-se no terreno da prática como resultantes das variadas formas de inserção às quais esses grupos foram submetidos e se postaram no curso dos processos sócio-históricos.

Se no campo da luta de classes Gramsci (1985) nos atentou para o fato de que ramos profissionais são notadamente criados como camadas de intelectuais que visam dar a determinados grupos, de forma orgânica, certo grau de homogeneidade da própria função econômica, social e política, podemos por assim dizer que as profissões já nascem necessariamente com seu escopo cultural e, destarte, com uma diretriz política previamente definida: "o empresário capitalista cria consigo o técnico da indústria, o cientista da economia política [...] etc." (Ibidem, p. 7). Os pilares da intervenção profissional do técnico da indústria e do cientista da economia política citados — suas bases teóricas, instrumentais, metodológicas etc. — invariavelmente guardarão na sua gênese uma profunda congruência com a cultura profissional do empresário capitalista, o que não significa afirmar que assim será para sempre.

A cultura, vista por este prisma, não se coloca como algo fixo e dado, mas sim como uma categoria inerente às disputas sociais e, portanto, sujeita às mais diversas alterações. Se por um lado, na sua gênese, o Serviço Social apresentava fortes compromissos com os interesses e valores capitalistas àquela época, por outro, principalmente a partir da década de 1980, a profissão teve no seu interior fortalecida uma hegemonia que se choca frontalmente com a direção característica de seu passado. As transformações culturais ocorridas no Serviço Social ao longo de seu processo sócio-histórico trouxeram mudanças radicais de ordem teórico-metodológica e ético-política na profissão, mas não tão profundas no que diz respeito aos seus aportes teórico-operativos.

Aprofundaremos a seguir como esse conjunto de mudanças refletiram-se no trabalho do assistente social com grupos ao longo dos anos e como esse debate vem sendo travado nos dias atuais.

2.1 Grupos e Serviço Social até a emergência da perspectiva profissional crítica

Durante anos, o Serviço Social brasileiro pautou a intervenção profissional de seus agentes em três "métodos" distintos: caso, grupo e comunidade. A passagem da influência da tradição franco-belga para a norte-americana no Serviço Social brasileiro (no que tange à formação e ao exercício profissional) fica bem assinalada a partir da difusão e da incorporação da base técnica dos três "métodos" citados. Nossos próximos esforços neste trabalho se dão no sentido de desenvolver em linhas gerais um resgate histórico trazendo à tona a questão do "grupo" no Serviço Social brasileiro e tentar localizar neste complexo processo de continuidades e de rupturas como se insere a "Dinâmica de Grupo" em nossa profissão.

O campo da produção intelectual sobre grupos está concentrado principalmente nas disciplinas próprias da psicossociologia e da psicologia social. Autores como Lewin (1975 e 1989), Cartwright e Zander (1969) e Homans (1957) tiveram forte influência teórico-metodológica junto aos assistentes sociais brasileiros que se dedicaram no passado da profissão a estudar a questão dos grupos. Esses autores abordam a temática da dinâmica de grupos a partir da perspectiva do fenômeno social e não em seu caráter prático-instrumental. Pautando-se majoritariamente na teoria positivista, eles comparam os grupos a organismos vivos, nos quais os membros que os compõem desempenham determinadas funções em relação aos demais. Deste prisma, todo indivíduo que vive em sociedade participa de muitos grupos sociais no seu cotidiano e durante toda a sua vida, motivado tanto pela natureza social do homem como pela sociedade em geral. "Os grupos existem para satisfazer as diversas necessidades que os seres humanos possuem e que não poderiam resolver sozinhos" (Torres, 1985, p. 11). Dito de outra forma: o grupo, portanto, é instância que estabelece a ligação entre o indivíduo e o coletivo.

Kurt Lewin, que instituiu o termo "Teoria de Campo" (1975), entende que o ser humano age num mundo de forças (vetores) com cargas (valências) positivas ou negativas. A Teoria de Campo considera que não se pode compreender o comportamento do indivíduo sem se considerar os fatores externos e internos à pessoa, uma vez que estes interagem na determinação desse comportamento. Lewin foi também um dos criadores da "Teoria da Dinâmica dos Grupos" (1989), que busca analisar as estruturas do grupo, como o poder, a liderança e a comunicação.

Tomando por base a corrente teórico-analítica desses autores, podemos afirmar que nos grupos, de uma forma geral, os problemas tendem a ser os mesmos e a fazerem parte da vida dos membros que compõem o grupo. Os grupos — que podem ser divididos em primários (como a família e a vizinhança, por exemplo) e secundários (por exemplo, as igrejas, escolas e empresas) —, muitas vezes são considerados espaços onde sentimentos e valores como a amizade, a compreensão, a participação e a proteção mútua ganham maior relevo e têm funções centrais no processo de alcance de suas finalidades. Corroborando com este modelo interpretativo, Torres diz que: "É necessário e vital para o desenvolvimento dos grupos que existam laços afetivos que possam garantir a segurança emocional dos elementos" (1985, p. 42).

Seguindo a mesma linha analítica, é correto dizer que os objetivos individuais são inerentes à natureza humana. Deste modo, os objetivos podem ser alcançados individualmente ou requererem a cooperação e o auxílio de terceiros. Fato este que, consequentemente, leva o homem ao grupo. Os autores positivistas consideram a atração que é exercida pelos grupos como um elemento importante. Tal atração tem origem tanto nos indivíduos que integram o grupo como nas atividades que desenvolve este grupo e — ao considerar que a sociedade exerce controle sobre todos os grupos — por motivos que são externos ao próprio grupo. A coesão ou não de um determinado grupo está intimamente ligada à atração exercida por ele.

Esse modelo teórico-analítico de interpretação dos grupos e de suas dinâmicas adequa-se em boa medida a muitos dos interesses próprios do ideário burguês, sobretudo no que tange ao campo da produção capitalista. Tais estudos e a aplicação prática de seus métodos são responsáveis por contribuir na busca da maior eficiência dos formatos empresariais, envolvendo a participação de todos — trabalhadores e empregadores — para o "sucesso" da empresa, como se todos os indivíduos envolvidos nesse processo tivessem os mesmos objetivos finais. Frisamos que esse raciocínio vale igualmente para tantas outras lógicas organizacionais de instituições localizadas para além do campo da estrutura.

Contudo, vale destacar a existência de importantes divergências entre os pensadores que se dedicaram a estudar a temática dos grupos. A corrente francesa vinculada com as elaborações sobre "Análise Institucional" (esta fundada e difundida por Lapassade, Lourau e Guattari) produziu referências críticas sobre as concepções de grupos, envolvendo a perspectiva histórico-política e a dimensão organizacional como atravessamentos institucionais presentes nos estabelecimentos sociais onde essas práticas se desenvolvem.

Neste sentido, citamos o "Movimento Institucionalista e Grupalista" como um importante exemplo de posição contra-hegemônica que emergiu na Europa nos anos 1940. Esse movimento apresentou convergências quanto ao questionamento das práticas institucionais nas áreas da saúde mental (questionamento às formas tradicionais de atendimento no campo da saúde mental) e da educação (questionamento quanto às relações pedagógicas na instituição do ensino) fundando disciplinas como a "psicoterapia institucional" e a "pedagogia institucional" (Eiras, 2006).

As definições psicossociais tradicionais para "dinâmicas de grupo" gravitam em torno de um entendimento em comum. De acordo com Lewin (1989), a partir do momento que temos três ou mais pessoas se comunicando e trocando informações podemos dizer que elas estão se movimentando, aprendendo, e se há uma interação há a dinâmica. Portanto, para o autor, a dinâmica de um grupo é o seu movimento.

Segundo Cartwright e Zander, o "Serviço Social foi uma das primeiras profissões a reconhecer explicitamente que os grupos podem ser orientados de forma a obterem em seus participantes as modificações necessárias" (1969, p. 608). Na publicação do CBCISS[1] (1972), intitulada *"O ensino da dinâmica de grupo a assistentes sociais"*, podemos perceber o quão presente a influência positivista esteve nas reflexões dos profissionais de Serviço Social sobre o tema em pauta durante a década de

1. Centro Brasileiro de Cooperação e Intercâmbio de Serviços Sociais.

1970 e mesmo em meados da década seguinte. O trabalho dos agentes de Serviço Social tinha como fim sempre o indivíduo, independentemente das ações profissionais realizadas. O viés da ajuda circundava notadamente a lógica do trabalho dos então chamados "assistentes sociais de grupo" (CBCISS, ibidem, p. 57). Mas não uma "ajuda" nos moldes iniciais da nossa profissão, marcada por ações persuasivas e coercitivas. Tais ações deram lugar a uma ajuda menos autoritária, mas ainda norteadas por vieses conservadores.

As reflexões profissionais hegemônicas em Serviço Social deste período — presentes, por exemplo, em Torres (1977 e 1985) — consideravam que um dos principais problemas da sociedade estava situado no inadequado funcionamento dos grupos. E que os estudos e pesquisas sobre a questão da interação humana poderiam ajudar as pessoas a serem mais eficientes tanto nas suas relações quanto no seu trabalho. A terminologia "dinâmica de grupo" utilizada nestas reflexões referia-se ao "estudo teórico-prático das relações sociais dos indivíduos em grupo" (Torres, 1985, p. 22).

Segundo a autora, a dinâmica de grupo (dentro da perspectiva apontada) surgiu nos EUA, no final da década de 1930, como resultado de um desenvolvimento operado no interior de profissões diversas, como a dos psicólogos, educadores, administradores de empresas etc. (Idem, ibidem). A aplicação prática da dinâmica de grupo objetivava tanto facilitar a compreensão dos fenômenos sociais por parte dos membros que compunham o grupo, como ensinar às pessoas novos comportamentos através da vivência (Idem). A funcionalidade da dimensão pedagógica do trabalho do assistente social fica notadamente evidenciada.

A ação com grupos é algo antigo no exercício profissional do assistente social. Segundo Zélia Torres (1977), o primeiro trabalho de conclusão de curso realizado sobre grupos foi entregue em 1955, à Escola de Serviço Social de Minas Gerais. Cerqueira (1981) apresenta um importante panorama sobre este tema baseado na bibliografia corrente até 1978. A sua pesquisa abarcou um total de dezesseis publicações[2] de Serviço Social que tinham o grupo como objeto principal de análise. A autora verificou em quase todas as obras estudadas a influência da corrente funcionalista (destacamos aqui a recorrente presença do pensamento de Talcott Parsons neste sentido) e revelou uma constante no que tange aos objetivos do chamado "Serviço Social de Grupos". De acordo com Cerqueira, os autores atribuíam ao Serviço Social de Grupo:

> [...] a função de estabelecer relações positivas funcionais e de corrigir as disfunções, a preocupação com a obtenção de metas, e seu entendimento do grupo como sistema social que visa contribuir para o estado de funcionamento adequado do sistema maior do qual faz parte. (1981, p. 52)

Apesar da proeminência da tradição funcionalista no universo de sua pesquisa, Cerqueira atentou para os elementos de contradição presentes nos autores analisados, apontando os possíveis momentos de avanço no que se referem a interpretações profissionais mais crítico-reflexivas que fazem alguma relação com o modelo societário vigente. Tal fato é mais recorrente em Renée Dupont (1969) e Natálio Kisnerman (1977).

2. A relação completa dessas publicações e seus autores está em: Cerqueira, 1981, p. 48-9.

Este último chega a se referir ao assistente social como um agente que deve inserir criticamente o seu cliente na realidade, liberando o seu potencial para que este promova mudanças estruturais (apud Cerqueira, 1981, p. 61).

Segundo a autora, a partir de suas leituras dos textos investigados,

> [...] o trabalho de grupo, desde suas origens, foi um movimento utilizado para atender aos sintomas ou às disfunções provocadas por uma estrutura social em mudança. A recreação, sobretudo a tendência a ocupar o tempo livre da classe operária que surgia com a sociedade industrial, bem como os movimentos de juventude com o objetivo de prevenir a delinquência juvenil são indicadores de que o Serviço Social de Grupos surgiu com a função de contribuir para a manutenção da continuidade estrutural, cujo equilíbrio estava ameaçado pelos problemas sociais ou disfunções surgidas. Esta função era atingida mediante os serviços preventivos, recreativos e de educação cívica, e implicitamente contribuíram para estabelecer a relação entre a parte (a população carente) e o todo [...].

Torres (1977) realizou uma pesquisa dividida em três fases distintas. A primeira começa em 1955 e finda em 1962. A segunda tem início em 1963 e término em 1967. A última inicia após o fim da segunda e não explicita a sua data de término. A autora investigou diversos registros como documentações, relatórios profissionais e de estágios, trabalhos de conclusão de curso etc., além de realizar uma pesquisa bibliográfica sobre o tema e de participar como observadora de reuniões e atividades de grupo. De modo notadamente esquemático, a pesquisadora buscou apontar algumas alterações nos modos como os assistentes sociais abordavam o trabalho com grupos, como podemos observar no quadro a seguir, intitulado "Esquema de Evolução do Serviço Social de Grupo":

Setores		1ª Fase (1955/62)	2ª Fase (1963/67)	Transformações Recentes (1968)
Funções do Grupo	a) realização da tarefa	Enfatizada	Considerada	Tentativas de equilíbrio entre as duas áreas
Funções do Grupo	b) realização socioemocional	Considerada irrelevante pelo A. Social.	Enfatizada pelo A. Social	Tentativas de equilíbrio entre as duas áreas
Formação dos Grupos	Critérios	Ênfase à homogeneidade, estabilidade etc.	Sem grandes modificações	Adoção de atitudes não classificatórias
Metodologia da Ação	a) atuação	Esquema conceitual inadequado	Esquema conceitual pré-elaborado	Definição de objetivos e conceitos operacionais
Metodologia da Ação	b) técnicas	Entrevistas individuais/ encaminhamentos/ avaliação pelo técnico/reunião de aprendizagem.	Além das citadas, reuniões circulares, festas etc.	Variadas conforme exigências das situações

(Torres, 1977, p. 13)

Na primeira fase demarcada pela autora, nota-se a preeminência clara da perspectiva denominada por Abreu (2002) de "'ajuda' psicossocial individualizada" adequada aos traços típicos do "Serviço Social tradicional" (Santos, 1987). Mesmo fundando-se numa visão psicologista da questão social, percebe-se que, de acordo com as observações de Torres (1977), no trabalho do assistente social com grupo era considerada irrelevante a questão socioemocional, "negligenciando a grande influência da situação psicológica" (Ibidem, p. 14).

O Brasil passava neste período pelo governo desenvolvimentista de Juscelino Kubitschek e o objetivo da ação dos assistentes sociais não andava em descompasso como a situação do país. Se o mandato de Kubitschek tinha como principal *slogan* "cinquenta anos de progresso em cinco de governo", o Serviço Social caminhava no sentido de contribuir com a construção das bases necessárias para tal progresso, desenvolvendo nos membros dos grupos certas habilidades e técnicas manuais voltadas para uma relativa capacitação da mão de obra, como a de costura, bordado, culinária etc.

Na segunda fase (1963/67), já podemos notar o aumento da influência estrutural-funcionalista nos modos de operar do assistente social junto aos grupos. O período estudado é caracterizado por drásticas mudanças no cenário sociopolítico nacional: João Goulart torna-se presidente em 1961 (após renúncia de Jânio Quadros) e em 1964 é deposto pelos militares que viam em Jango uma ameaça comunista: instaura-se a ditadura empresarial-militar que duraria até 1985. Destaca-se ainda nesse cenário a difusão de uma política cultural sob influência dos países capitalistas centrais e a proliferação das correntes neopositivistas (sobretudo no que tange às universidades).

O Serviço Social segue na confluência desses vetores, conformando "modelos de intervenção profissional cuja unidade, no âmbito metodológico, reside no predomínio dos instrumentos e técnicas, e, no campo ideológico, efetiva-se pelo cariz reformista que as nutre" (Guerra, 2007, p. 168). O período em tela abarca a emersão da perspectiva profissional conhecida como "Modernização Conservadora" (Netto, 1996a).

Mesmo que possamos perceber algumas alterações do primeiro período para o segundo, na nossa ótica a fase que vai de 1963 a 1967 coloca-se como um momento de transição entre a primeira e a última apontadas na tabela, apresentando elementos de ambas.

Assim sendo, é somente na fase denominada de "transformações recentes" que a perspectiva de Modernização Conservadora atinge maior espraiamento no que concerne ao trabalho com grupos. Quando nos detemos à análise da incorporação da "pedagogia da participação" (Abreu, 2002, p. 105) neste tipo de trabalho, podemos afirmar que esta ocorre já na segunda fase, mas também desenvolve-se de modo gradual ao longo dos anos. Não podemos ignorar que a "pedagogia da participação" desenvolve-se e consolida-se junto aos assistentes sociais no Brasil a partir, fundamentalmente, das propostas de Desenvolvimento de Comunidades (Abreu, 2002), e que esta acontece em nosso país na primeira metade da década de 1960. Contudo, continua a imperar a concepção de Serviço Social enquanto "um conjunto de conhecimentos científicos e técnicas psicológicas e sociológicas aplicados através do *processo de ajuda social*[3] à solução das situações-problemas" (Dantas, 1970, p. 11).

Um dado importante para o nosso estudo está nas observações de Torres quanto à metodologia das ações em grupo. Se, na fase número um "os assistentes sociais tentavam fazer não Serviço Social de Grupo, mas orientação de caso individual dentro do grupo" (Torres, 1977, p. 21), centrando-se no "observar, intervir e interpretar os componentes individuais" (Idem,

3. Grifos do autor.

ibidem) e, por conseguinte, apresentando um predomínio de técnicas que enfatizavam o âmbito individual (tais como: entrevistas, encaminhamentos, avaliações pelo técnico, visitas, reuniões de aprendizagem); na fase de número dois a autora faz menção a estratégias que valorizam a dimensão lúdica da ação (como jogos, festas e piqueniques), onde os assistentes sociais demonstram "menor preocupação com o relacionamento e maior com a interação" (Idem, ibidem, p. 22). Apesar de Cerqueira (1981) afirmar que a recreação faz parte do trabalho do "Serviço Social de Grupos" desde suas origens, a pesquisa de Torres não comprova este dado, identificando ações com esse cunho somente após 1962.

Acreditamos que estas ações sejam no Serviço Social brasileiro um dos primeiros embriões da técnica interventivo-profissional que atualmente conhecemos como *Dinâmica de Grupo*. É somente a partir de 1968 que essas ações diversificam-se e passam a ganhar *status* de atividades que têm por objetivo "facilitar as reflexões, o diálogo sobre assuntos complexos e controvertidos e a melhor compreensão e aproveitamento da vivência social do outro" (Torres, 1977, p. 26).

Quando nos referimos a "grupo(s)" e a "Dinâmica(s) de Grupo" em nosso trabalho a partir da corrente teórico-metodológica na qual apoiamos nossas reflexões, estamos falando de coisas diferentes daquilo que a literatura psicossociológica e psicossocial quer dizer quando utiliza essas mesmas palavras. Portanto, se faz necessário definirmos agora o que cada uma dessas expressões significa segundo nossas interpretações.

Em nosso trabalho, pensaremos "grupo" enquanto instrumento de trabalho, definido a partir da presença simultânea de indivíduos em uma mesma atividade socioinstitucional coordenada por um ou mais profissionais e que apresente período de duração, objetivo(s) e metodologia(s) definidos. Não nos preocuparemos aqui em elaborar distinções pormenores que tenham em vista estabelecer diferenças entre grupo, reunião, oficina, roda de conversação ou encontro, por exemplo. Contudo, na nossa ótica, "grupo" não é o mesmo que palestra, seminário ou assembleia. O que diferencia o grupo destas outras atividades não é, *a priori*, o quantitativo de participantes, mas sim as metodologias utilizadas nestes espaços que tendem a ser consideravelmente diferenciadas.

Nossa definição toma por base as considerações de Magalhães (2003). Para ela, grupo é um instrumento profissional de comunicação oral que envolve um coletivo de pessoas e cujos objetivos costumam gravitar em torno da identificação das demandas que trazem os usuários, o elencamento de prioridades, a coleta de dados, além de propiciar um espaço de reflexão sobre o cotidiano e as formas de enfrentamento das situações apresentadas. De acordo com a autora (Ibidem), o grupo favorece a troca de experiências, onde seus participantes têm maiores possibilidades de vivenciar relações horizontalizadas e mais solidárias.

Já a "Dinâmica de Grupo" será entendida em nossos estudos como uma técnica de intervenção profissional operada recorrentemente no interior de uma atividade com grupo. A Dinâmica de Grupo precisa ter objetivo(s) demarcado(s) — e neste ponto envolve a definição do seu público-alvo, dos recursos necessários para a sua realização etc. — que vise contribuir com o alcance do(s) objetivo(s) do próprio grupo.

Nossa intenção não é esquematizar essas relações que se dão de modo dinâmico no campo prático. Temos como intuito tão somente estabelecer as necessárias diferenciações entre a perspectiva com a qual estudaremos essas ações e os modelos interpretativos utilizados pelas correntes positivista e funcionalista. Em nossa perspectiva analítica a família, por exemplo, não é um grupo. Mas nada impede que o profissional, ao trabalhar uma família, decida realizar uma atividade em grupo com os seus integrantes. Outra sinalização que destaca a dinamicidade dessas relações é o fato de uma atividade de grupo poder se constituir como tal sem ter durante sua execução uma Dinâmica de Grupo. Ou ainda durante um seminário o palestrante decidir utilizar uma Dinâmica de Grupo com a plateia sem que isso caracterize aquela plateia como um grupo.

A Dinâmica de Grupo, por se tratar de uma técnica profissional, diz respeito à habilidade que o ser humano possui de utilizar instrumentos (neste caso, o grupo). Os instrumentos, por sua vez, são mediadores do trabalho que ganham significado quando postos em prática a fim de alcançar determinado objetivo previamente planejado. A operacionalização do exercício profissional a partir do uso de instrumentos e técnicas está estritamente vinculada a algum referencial teórico (mesmo que o profissional tenha pouca ou nenhuma consciência dele) e a uma dada compreensão ético-política do trabalho.

Tomaremos as contribuições de Guerra (2007) como sustentação de nossa abordagem sobre instrumentalidade no Serviço Social. Para a autora,

> a instrumentalidade do Serviço Social, pela qual a profissão consolida a sua natureza e articula as dimensões instrumental, técnica, política, pedagógica e intelectual da intervenção profissional é capaz de possibilitar tanto que as teorias macroestruturais sejam remetidas à análise dos fenômenos, processos e práticas sociais

> quanto que esta compreensão se objetive em ações competentes técnica e politicamente. (Ibidem, p. 18)

Contudo, como destaca Guerra (Ibidem, p. 141), o Estado, ao tentar imprimir uma visão racionalista e tecnicista às expressões da questão social, exerce forte influência na ação do assistente social, pois o tratamento que o poder público historicamente dedica a essas expressões — transitando entre repressão e assistencialismo[4] — traz rebatimentos no trabalho do profissional de Serviço Social comumente mediatizado pelas configurações das políticas sociais. Resultado disso é a interdição de uma visão de totalidade dessas políticas por parte dos assistentes sociais e a exigência de adoção de determinados procedimentos instrumentais (como de manipulação de variáveis, de previsão tanto da ocorrência quanto da consequência de determinado efeito sobre uma causa etc.) que redundam no controle da vida privada dos usuários dos serviços.

Vimos que a ideologia compõe a base de sustentação da ordem capitalista ao produzir abstrações capazes de escamotear a concretude dos fenômenos. A ideologia, entendida através de Gramsci (1984) como substrato que garante a junção do bloco histórico, faz-se presente tanto no âmbito estrutural quanto superestrutural da sociedade. Destarte, se seria tolice crer que assistentes sociais estariam mais imunes ao poder da ideologia do que outros trabalhadores, não podemos ignorar o fato de que mistificações e fetiches fazem parte das representações que o profissional de Serviço Social faz do seu próprio trabalho.

---

4. Sob a ótica gramsciana, esses dois elementos são indispensáveis à manutenção do domínio capitalista.

Neste sentido, Guerra (2007, p. 168) constata que a tendência de atribuir-se aos instrumentos e técnicas um *status* maior do que àquele que é conferido aos demais componentes da ação profissional — como o seu significado ético-político e a direção social que é conferida à intervenção — acaba por encarar os instrumentos e as técnicas como algo independente, autônomo, descolando-os do projeto profissional e transformando "o que é acessório em essencial" (Ibidem, p. 169).

Tais relações, contudo, são consubstanciadas por processos sócio-históricos mais amplos que determinam em certas instâncias tanto o conjunto quanto a finalidade dos componentes que conformam o trabalho dos agentes de Serviço Social. Por outro lado, considerando o fato que são esses mesmos agentes que imputam nos seus instrumentos profissionais a força de trabalho que possuem, os assistentes sociais podem, então, ser críticos ao mesmo tempo em que são técnicos, tendo em vista que "o domínio do instrumental requisita-lhe um conhecimento das finalidades e das formas de alcançá-las, e estas não se encerram na razão de ser do Serviço Social" (Guerra, ibidem).

Algumas técnicas utilizadas nos dias de hoje por assistentes sociais quando atuam com grupos de usuários já tinham recebido atenção metodológica há tempos atrás. No passado, a preocupação com o ambiente físico, por exemplo, ocorria em função da necessidade de as pessoas verem-se umas às outras e, com isso, sentirem-se à vontade. Aconselhava-se que os membros do grupo se posicionassem em círculo, evitando assim a existência de um lugar de destaque. Mesmo que as estratégias sejam semelhantes, apesar da distância temporal, as diferenciações são bem delineadas: o círculo no "Serviço

Social de Grupo" tem uma função notadamente emocional, e, mesmo quando se propõe a ausência de um lugar de destaque, esta observação não deriva, por exemplo, da avaliação de que um lugar separado dos demais (como a figura de um professor em frente às fileiras das carteiras dos alunos em uma sala de aula tradicional) pode reforçar a hierarquização das relações interpessoais e de saber no grupo.

Podemos notar semelhanças deste processo com as transformações ocorridas no âmbito da Dinâmica de Grupo enquanto técnica interventivo-profissional. Mesmo que algumas ações desenvolvidas por assistentes sociais ao longo da história tenham recebido nomes distintos dos utilizados atualmente, ficam claros nessas intervenções fortes traços que ora se aproximam e ora se afastam, deixando expostas divergências e convergências entre o passado e o presente de nossa profissão.

Ações que guardam semelhanças com o que chamamos atualmente de Dinâmicas de Grupo podem ser identificadas naquilo que Torres (1977) outrora denominou de "técnicas". No seu livro *Grupo: instrumento de Serviço Social* (Ibidem), a autora trabalha o que ela chama de "meios auxiliares do processo de grupos" (Ibidem, p. 54). Neste contexto insere-se o que a autora define como "técnica", conceituando da seguinte forma:

> As técnicas são utilizadas no trabalho com grupos com a finalidade de estimular processos mentais que facilitem a tomada de decisão, estimulando-a e tornando-a interessante [...]. Supõe ambiente de liberdade para experimentar ideias novas e, sobretudo, a possibilidade de errar sem medo. A técnica não é um fim em si mesmo [...]. Tudo o que favorece o processo de grupo é

considerada por nós como uma técnica, esteja ou não ainda bem sistematizado. (1977, p. 62-3)

A autora expõe em sua publicação treze "técnicas" e as separa de acordo com a fase de desenvolvimento[5] na qual se encontra o grupo. Nota-se nessas técnicas a clara ênfase dada em questões de cunho psicológico de natureza funcionalista, própria do exercício profissional pautado na "'ajuda' psicossocial individualizada" (Abreu, 2002). A preocupação com os sentimentos dos integrantes do grupo e o envolvimento emocional e comportamental dos mesmos ganham maior destaque, pois esses elementos facilitariam a comunicação intragrupal e todo o trabalho no e do grupo.

Os objetivos dessas técnicas eram variados e perpassavam pela diminuição de ansiedade dos integrantes do grupo, alívio de suas tensões físicas, mentais e emocionais, observação de antipatias e simpatias no grupo, a identificação de situações-problemas, a participação psicológica tanto individual quanto do próprio grupo, dentre outros. Avaliamos importante registrar que em algumas dessas técnicas observamos a presença de estratégias preocupadas com a questão lúdica da experiência, como dramatizações teatrais e composição de música. Outro destaque é a absoluta ausência de qualquer referência a reflexões de cunho crítico que pudessem se colocar a serviço do questionamento ao pensamento tradicional dominante, deixando bem demarcados os limites impostos pelo aporte teórico-metodológico positivista da época. Um raro exemplo de exceção são as reflexões de Renée Dupont (apud Cerqueira, 1981). Para

5. As referidas fases, de acordo com Torres (1977), podem ser: "pré-grupos", em "fase de transição" ou "grupo" já constituído como tal.

a autora, a intervenção na realidade através do "Serviço Social de Grupo" é definida como um processo de conscientização dos membros. Dupont alertava, já em 1969, para a mudança de mentalidade em relação à realidade na qual os membros estão inseridos (apud Idem, ibidem, p. 59).

O termo "técnica" — entendido sob a ótica em pauta — ganhou uma nomenclatura mais específica com o passar dos anos. A expressão "instrumentos facilitadores" (Torres, 1985) passou a compor o arsenal de estratégias interventivas do assistente social. Acreditamos que um dos motivos de tal alteração se explica ao identificarmos o contexto no qual particulariza o momento sócio-histórico no qual estava inserida a profissão, onde a discussão sobre "grupos de ação social" (Torres, 1985) ganhava cada vez mais notoriedade.

Os "grupos de ação social" visavam mudanças no meio social e partiam da premissa de que os indivíduos de uma determinada comunidade, quando reunidos em prol da superação de um problema social que aflige ao conjunto de moradores de uma mesma região, estariam agindo como agentes de mudança, saindo da passividade e relacionando-se de forma ativa com o mundo (Idem, ibidem). Mesmo que no discurso oficial desta lógica — que muito se assemelha àquela que guiava as ações realizadas pelo Desenvolvimento de Comunidades — estejam presentes conotações aparentemente transformadoras, o que se espera de uma forma geral dos "grupos de ação social" é justamente que um grupo maior ou menor de pessoas pertencentes à sociedade civil tome para si responsabilidades que o Estado não assumiu. E, de acordo Abreu (2002), a questão da "participação", sob a influência da ideologia desenvolvimentista modernizadora, redimensiona-se para além de uma ação inerente ao processo de "ajuda", o que constitui uma nova esfera do trabalho do assistente social no que tange às relações sociais.

Porém, algumas dificuldades são inerentes à organização de grupos do tipo de ação social. Vejamos um exemplo prático exposto por Torres:

> Uma ou mais pessoas têm uma motivação para atuar no meio social. Começam a se perguntar como poderiam fazer para dar início a esta ação. Têm consciência de que na comunidade existem outras pessoas também interessadas, mas como fazer para reunir este grupo? Como fazer com que essas pessoas abram mão de uma série de outras motivações tais como descansar, ver televisão etc.? Como tornar as reuniões mais interessantes e menos dispersivas [...]? (1985, p. 49)

Na esteira de tais preocupações inserem-se os chamados "instrumentos facilitadores". Com o intuito de tornar os encontros dos grupos "mais interessantes e menos dispersivos" (Torres, ibidem) e de "facilitar a comunicação de informações e sentimentos" (Idem, ibidem, p. 51) o "Serviço Social de grupos" adotava a estratégia de utilizar, já naquela época, atividades coletivas e lúdicas que, ao mesmo tempo em que estimulassem o interesse dos indivíduos a se inserir e participar de um grupo, possibilitassem aos membros do grupo "reexaminar questões, avaliar situações e favorecer o desenvolvimento na busca do bem-estar coletivo e individual" (Torres, 1985). Essa dimensão da função pedagógica do assistente social, ao incorporar a questão da "participação", não significou e nem tinha por objetivo significar mudanças profundas no seu fazer profissional, mantendo assim os agentes dessa categoria profissional bem alinhados às funções dos intelectuais orgânicos das classes dominantes (mesmo não se constituindo exatamente como tais).

Zélia Torres, no livro *A ação social dos grupos*, apresenta uma lista variada contendo vários destes "instrumentos facilitadores". Em todos pode-se notar a ausência de qualquer eixo crítico-reflexivo no que diz respeito aos seus objetivos. Alguns sugerem uma ação mais disciplinadora e conectada às exigências fordistas, enquanto outros aparentam uma relação mais democrática. Há, na verdade, uma relativa diversificação de objetivos que por vezes distancia as ações entre si, mas não as colocam em sentidos opostos, e sim complementares onde nenhum desse "instrumentos facilitadores" se propõe a explorar o campo crítico do questionamento social.

Uma lacuna presente nos estudos dos autores nos quais nos debruçamos neste capítulo para realizar nossa pesquisa bibliográfica diz respeito a total ausência de elementos que considerassem a atividade profissional como uma fração de um processo de trabalho socioinstitucional, descaracterizando as mediações necessárias que englobam o trabalho de campo, o local de trabalho, a política social, o modelo socioeconômico e as disputas que se dão e que são inerentes a estes processos. Desconsiderar as múltiplas influências que a instituição (esta entendida no seu sentido *latu sensu*) e suas formas de organização do trabalho exercem sobre a ação do assistente social é sinônimo de pensar essa ação profissional (e os instrumentos e técnicas que as compõem) de forma autonomizada, descolada da realidade concreta. Portanto, "considerando que as ações profissionais condensam e expressam toda a formulação teórica, ética e técnica da profissão, não é possível concebê-las de forma isolada" (Mioto e Lima, 2009, p. 39).

Podemos colocar como principal responsável pela existência da citada lacuna uma das facetas da cultura profissional da época: os aportes teóricos e seus métodos de análise do real com as quais assistentes sociais tinham como principais referenciais. Não é surpresa o fato de as perspectivas profissionais caracterizadas como "Modernização Conservadora" e "Reatualização do Conservadorismo", (Netto, 1996a) — tão pouco o chamado "Serviço Social Tradicional" (Santos, 1987) — não darem conta de uma análise dialética do trabalho do assistente social.

Contudo, a perspectiva crítica forjada durante o Movimento de Reconceituação pelo qual passou o Serviço Social brasileiro (num processo que envolveu os países da América Latina de uma forma geral) abriu caminhos para um entendimento outro da profissão que veremos a seguir.

2.2 Os grupos no Serviço Social após a emersão da Intenção de Ruptura

Sabemos que o complexo processo de renovação pelo qual passou o Serviço Social no Brasil — no que diz respeito aos seus aportes teórico-metodológicos, técnico-operativos e ético-políticos nos marcos daquilo que chamamos de Movimento de Reconceituação — significou a revisão do passado conservador em nossa profissão. No entanto, ao fazê-lo, o Serviço Social brasileiro não realizou mudanças tão profundas no que diz respeito ao campo dos seus aportes técnico-instrumentais. Esse descompasso não é algo recente no Serviço Social. Tal fato fora observado há tempos atrás, como demonstra a próxima passagem:

> Na atualidade [leia-se: "por volta de 1977"], a ciência, no campo das relações humanas e da ação social, se desenvolveu muito mais do que se têm desenvolvido nossas técnicas para influir na ação de maneira válida. É necessário que a atividade profissional se volte em um esforço contínuo, no sentido de recriar os conhecimentos sistematizados que haja adquirido, *a priori*, através de suas experiências profissionais [...]. Em Serviço Social o trabalho com grupos ainda não está bem sistematizado, não sendo de admirar que ainda não tenha aperfeiçoado seus métodos próprios. Muitas técnicas novas podem e devem ser ainda criadas. A descrição de várias técnicas bem conhecidas e frequentemente empregadas, com as devidas adaptações, pode servir como elemento para a criação de outras. (Torres, 1977, p. 23-63)

Na concepção de Mioto e Lima (2009), a produção teórica existente nos dias de hoje no Serviço Social já atingiu um grau de amadurecimento que nos permite enfrentar o debate do "fazer profissional" com uma consistência teórica única. Por sua vez, Iamamoto (2003, p. 52) destaca que é preciso encarar esse desafio de "transitar da bagagem teórica acumulada ao enraizamento da profissão na realidade" sem reduzir, porém, essa discussão ao tecnicismo. E é nessa perspectiva que, justamente, buscaremos nos firmar ao desenvolvermos nossas análises que virão na sequência deste livro, transitando por um "terreno movediço e [quase] inexplorado" (Mioto e Lima, 2009, p. 28).

O trabalho com grupo em Serviço Social passou por uma ressignificação profunda a partir da emergência da Intenção de Ruptura com o Serviço Social tradicional. Tal ruptura trouxe como consequência a negação do "Serviço Social de Grupo" como um "método", assim como a superação da concepção que colocava o "assistente social de grupo" como uma especialização profissional (Eiras, 2006).

Esse processo de transformação pelo qual passou o Serviço Social em nosso país — e que teve como traço diferencial a apropriação da teoria social marxista no conjunto de suas elaborações profissionais — teve reflexos diretos na cultura profissional e reaproximou os assistentes sociais das abordagens presentes na educação popular baseada na proposta pedagógica de Paulo Freire. O contato com o pensamento progressista do pedagogo recifense já havia se iniciado anos atrás (mais precisamente da segunda metade da década de 1950 até o golpe de 64), a partir da influência de diversas organizações sociais, como, por exemplo, o Movimento de Educação de Bases (MEB), Centros Populares de Cultura (CPC) e o Movimento de Cultura Popular (MCP). Organizações estas que passam a ser sufocadas pelo golpe de 1964.

A crise profissional que se dá a partir da década de 1970 é o terreno onde inscrevem-se os esforços no sentido da elaboração de um novo perfil pedagógico no Serviço Social. No bojo do Movimento de Reconceituação e com bases nas condições sócio-históricas já experimentadas anos anteriores (onde se destaca o movimento pela Teologia da Libertação) gestam-se no trabalho do assistente social práticas pedagógicas que têm como elemento central a emancipação pelas classes subalternas (Abreu, 2002, p. 113). As políticas de caráter participacionista em modelos integrativos e subalternizantes passaram por questionamentos e foram sendo ultrapassadas, abrindo assim possibilidades para formas mais politizadas, críticas e conscientes de participação dos indivíduos.

A dimensão educativa é algo intrínseco à profissão de Serviço Social. Autoras como Iamamoto (2003; 2008), Abreu (2002) e Vasconcelos (1997), por exemplo, situam o Serviço Social no bojo do processo de reprodução material e social da classe trabalhadora, onde a dimensão socioeducativa das ações profissionais, mediatizadas pelas políticas sociais, apresenta-se inscrita no campo político-ideológico no que tange à obtenção/superação do consenso. No "momento em que a profissão se redefine a partir do paradigma crítico-dialético e constrói seu projeto ético-político, firma-se um novo princípio educativo" (Mioto, 2009, p. 499). Nos moldes do pensamento de Abreu (2002, p. 128), inicia-se um processo de "construção de uma pedagogia emancipatória pelas classes subalternas".

Os anos da década de 1970 foram palco de experiências que buscaram romper com o Serviço Social tradicional. Contudo, tais experiências tiveram nas suas primeiras incursões práticas a desvantagem de contar com bases teóricas marxianas ainda relativamente frágeis, com destaque para a influência que exercia o marxismo estruturalista de Louis Althusser no Serviço Social daquela época. A função pedagógica do assistente social e suas transformações seguem, ao longo da história, em consonância aos contextos sociopolíticos nos quais o Serviço Social se insere.

Os anos 1980 significaram no nosso país a restauração dos processos democráticos (mesmo que, de forma paradoxal, tenham sido acompanhados pela gritante diminuição com os gastos públicos). Contudo, os resquícios repressivos e autoritários do regime que se esgotara, a variação nas formas de enfrentamento da questão social por parte do Estado, a política desenvolvimentista em curso e as resistências dos setores organizados da classe trabalhadora requereram do Serviço Social redefinições operacionais adequadas funcionalmente ao projeto modernizador (Guerra, 2007, p. 167).

Diante deste quadro, nota-se a definição de duas tendências no âmbito das lutas sociais onde se inscrevem as possibilidades de redimensionamento das funções socioeducativas do assistente social: uma nos limites da defesa dos direitos sociais, civis e políticos (que parece ter na construção de um Estado de Bem-Estar brasileiro o fim último da intervenção profissional) e outra que colocava-se mais notadamente compromissada com a superação da ordem capitalista.

A década de 1990 marca a materialização dos fundamentos do nosso projeto ético-político condensados em três dos mais importantes produtos de referência para o Serviço Social brasileiro: o atual Código de Ética Profissional (de 1993), a lei que regulamenta a profissão (Lei n. 8.662/1993) e as diretrizes curriculares de 1996. Sua efetividade se expressa (ora mais, ora menos) em âmbitos diferentes do campo profissional, como na produção intelectual, na formação acadêmica, na organização política e na intervenção profissional.

Para Netto (apud Mioto e Lima; 2009), apesar do atual projeto ético-político do Serviço Social ter conquistado hegemonia no seio da profissão, isso não significa que este projeto esteja completo ou que seja uma unanimidade. E é inevitavelmente neste terreno e partícipe desse movimento que se dá o processo de construção de um novo perfil pedagógico do assistente social, onde, ao incorporar em sua elaboração os valores e perspectivas deste projeto, volta suas principais preocupações para a questão da emancipação dos sujeitos.

De acordo com Netto (1996b, p. 117), na segunda metade da década de 1990 o Serviço Social estava marcado pela "agudização da luta ideopolítica" entre diferentes projetos profissionais existentes e "pelas demandas profissionais imediatas" pressionadas pelas configurações e necessidades oriundas do mercado de trabalho remodelado pelos processos de reestruturação produtiva — denominada por Harvey (1996) de "acumulação flexível" — e de desregulamentação e precarização das relações de trabalho. O pensamento neoliberal, utilizando-se da força da ideologia, deu novas cores à antiga ideia de igualdade de oportunidades para todos os indivíduos competirem no mercado capitalista, bastando para tal o esforço e a dedicação daqueles que só têm a força de trabalho para vender. O Serviço Social, enquanto instituição possuidora de determinada funcionalidade social, tem por função reforçar tais ideias, ainda que parte de seus agentes e as entidades representativas da profissão manifestem posições diferentes e contrárias a esta lógica.

Os debates sobre as tendências atuais do trabalho com grupos e a função pedagógica do assistente social precisam ser travados considerando as necessidades postas pelas classes dominantes de (re)organização da cultura. Mesmo que as "novas" requisições postas ao assistente social lhe imponham a revisão e a atualização das formas, técnicas e instrumentos de atuação, a preservação da funcionalidade da profissão exige-lhe a manutenção do conteúdo controlista e integrador (Guerra, 2007, p. 166).

Uma "nova" cultura necessária às requisições do capital postas a partir da reestruturação produtiva e da "mundialização do capital" (Chesnais, 1996) funda-se na necessidade de justificar as contradições da realidade, forjando um novo tipo de trabalhador adequado à nova racionalidade produtiva e uma sociabilidade marcada pela fragmentação social, além do aumento da desigualdade social legitimada por um controle social que busca mascarar essas diferenciações e desigualdades (Abreu, 2002). Difunde-se a ideologia do colaboracionismo e cooperação entre classes, instaura-se a tese do Estado mínimo como única forma para a democracia, colocando o capitalismo como algo insuperável.

As mudanças de estratégias e ações de controle do trabalhador ganham novas roupagens. Mudam-se as táticas que visavam a administração das resistências dos trabalhadores para, agora, buscar a obtenção do seu consenso ativo e passivo. Nesse contexto, demarcam-se duas tendências pedagógicas do exercício profissional do assistente social. Uma voltada para o reforço à versão atualizada do "novo" conformismo e outra que busca justamente a crítica e a superação desse conformismo (Abreu, 2002). Em outras palavras: no bojo dos processos contraditórios de reforma intelectual e moral, distinguem-se no trabalho do assistente social nos dias atuais ações pedagógicas de cunho subalternizante e outras que objetivam a construção de uma pedagogia emancipatória pelas classes subalternas.

Contudo, mesmo com o quadro adverso que põe em nossa frente cotidianamente uma realidade composta por inúmeras dificuldades e limites, o campo das possibilidades concretas de redimensionamento da função pedagógica emancipatória do assistente social está posto e precisa ser explorado. Algumas dessas possibilidades identificadas por Abreu (2002) dizem respeito à incorporação das necessidades dos usuários como parte da dinâmica dos serviços institucionais, almejando o fortalecimento da gestão democrática destes serviços e a politização das questões que dão forma às relações entre usuário/instituição, assim como entre indivíduo/sociedade. Outras tantas possibilidades ainda inexploradas estão escondidas no terreno do campo prático-interventivo do assistente social. Descobri-las e socializá-las é parte fundamental do processo de fortalecimento de uma pedagogia profissional no Serviço Social que se coloque no sentido da emancipação humana.

Nos dias de hoje, boa parte da discussão envolvendo a intervenção profissional com grupos está articulada organicamente com a dimensão pedagógica do trabalho do assistente social e com os aportes técnico-operativos do Serviço Social. Para Mioto (2009), as ações socioeducativas realizadas no âmbito da intervenção profissional estão colocadas sobre dois pilares. Um diz respeito à socialização de informação no seu sentido mais amplo, considerando o direito do usuário a ter acesso e usufruir de todo o conhecimento socialmente produzido necessário para a melhoria das suas condições de vida. O outro se refere ao processo reflexivo desenvolvido no percurso da relação estabelecida entre profissionais e usuários, pautando-se no princípio de que as demandas trazidas à instituição por ações individuais ou através de grupos são matéria-prima para formação de consciências críticas. Ainda segundo a autora,

> o estabelecimento de vínculos e a conformação de uma relação democrática entre profissionais e usuários são fundamentais para que o processo educativo alcance seus objetivos. Ou seja, espera-se que por meio do processo educativo, o usuário — com

> informação e reflexão — ganhe mais autonomia para circular no espaço social, tomar decisões sobre as formas de conduzir sua vida, avançar na consciência de sua cidadania e ter participação em diferentes instâncias da esfera pública, especialmente nas de controle social. (2009, p. 504)

Demonstrando a necessária preocupação (tão ausente nas reflexões sobre Serviço Social no passado) com processos institucionais que se dão para além do momento da intervenção profissional, Mioto destaca que as ações socioeducativas com grupos (assim como com indivíduos e famílias) ganham materialidade e legitimidade ao passo que se inscrevem articuladamente aos processos de trabalho institucionais. Portanto, requer do assistente social conhecimento aprofundado tanto do espaço sócio-ocupacional como do campo que ele está inserido. Ou seja: cabe ao profissional "compreender como se expressam nesses espaços os princípios e diretrizes das políticas sociais e o debate teórico-metodológico em torno de seu objeto (saúde, assistência social, educação)" (Mioto, 2009, p. 505).

Soma-se ainda a estas exigências a necessidade de o assistente social ter ciência de outros componentes que integram a intervenção profissional (como o perfil dos usuários, as demandas que estes trazem e território no qual a instituição localiza-se), pois a partir disso criam-se as possibilidades de direcionar a ação profissional no caminho de inserir os indivíduos atendidos em outros espaços de participação sociopolítica, assim como na própria rede de serviços.

Além disso, precisamos atentar para o importante fato de que "demandas diferentes remetem a objetivos específicos diversos e, por isso, implicam um conjunto de conhecimentos também específicos que requerem procedimentos metodológicos diferentes" (Mioto e Lima, 2009, p. 29). Para Mioto, as ações socioeducativas com grupos (assim como com indivíduos) precisam alimentar-se também destes conhecimentos empíricos para que se torne possível realizar mudanças tanto no perfil das demandas dos usuários, assim como nas suas relações com o contexto social.

Portanto, para o desenvolvimento de ações socioeducativas, "é necessário estabelecer um alto grau de coerência entre a direção teórico-metodológica e ético-política e a definição dos objetivos e dos procedimentos operativos" (2009, p. 508). Esse conjunto de elementos (onde inclui-se ainda o planejamento e a avaliação sistemática) é que pesará na escolha ou não do assistente social em realizar grupos e a utilização das técnicas de Dinâmicas de Grupo, por exemplo.

Numa posição política convergente que revela algumas importantes linhas do projeto ético-político do Serviço Social na atualidade, Vasconcelos (1997) destaca a importância do trabalho do assistente social voltado para o processo de ampliação de visão de mundo dos trabalhadores a quem estes profissionais atendem através daquilo que a autora chama de uma "prática reflexiva", ou seja, "uma prática educativa, crítica, criativa, politizante, que aponte para a ruptura com o instituído" (1997, p. 133).

Apesar de não compreendermos a intervenção profissional do assistente social como "prática", mas sim como trabalho concreto dentro do conjunto de relações que compõem o trabalho humano abstrato na sociedade capitalista (Marx, 1985), buscando considerar a totalidade de determinações que conformam o trabalho do indivíduo, pois, como destacam Almeida,

Barbosa e Cardoso (1998, p. 114), o trabalho coletivo compreende o "produto da agregação das diferentes atividades parcelares que crescem à sombra da compartimentalização dos processos de trabalho e produção", concordamos com Vasconcelos no que tange à essência da sua definição de "prática reflexiva", ao relacioná-la com o aspecto educativo da politização das demandas apresentadas ao assistente social, onde trata a socialização da informação socialmente produzida como instrumento de questionamento e ação sobre a realidade (Ibidem).

A autora é categórica ao afirmar que no trabalho com grupos o processo de autorreflexão se dá de forma mais rica e facilitada do que em um atendimento individual, sobretudo ao considerar o uso da técnica que Vasconcelos chama de "repetição de comunicação" (1997, p. 155). Exemplificando: quando "o assistente social [...] repete uma afirmação para que o usuário possa ouvir o que disse e ele discorda, o grupo funciona como memória e imediatamente alguém reafirma o que foi dito" (Ibidem). Mioto (2009) segue a mesma linha avaliativa. Para ela, "a formação de grupos é altamente recomendável porque permite, por meio da reunião de diferentes sujeitos, a realização do processo educativo de forma coletiva" (2009, p. 507-8).

Vasconcelos (1997) não desenvolve em seu texto suas análises acerca das Dinâmicas de Grupo no trabalho do assistente social, mas faz referência duas vezes a elas. Na primeira, a autora chama a atenção para uma preocupação em relação ao uso desta técnica quando utilizada para apresentação dos participantes em um trabalho com grupos. Para ela, as Dinâmicas de Grupo, dependendo de como são encaminhadas, podem ter efeitos negativos para o trabalho. Por exemplo: caso os participantes do grupo não tenham clareza suficiente dos objetivos de estarem naquela atividade, uma simples Dinâmica de Grupo que solicite que cada usuário fale seu nome e um pouco de si pode constranger os indivíduos envolvidos, pois se "até aquele momento, ninguém sabe que espaço é aquele, quais suas regras, o que é que vai 'começar'? Por que falar? O que falar?" (1997, p. 173).

Na outra menção às Dinâmicas de Grupo, Vasconcelos aborda os diferentes objetivos de sua utilização. Observemos na passagem a seguir que as Dinâmicas podem ser orientadas a partir de uma ação pedagógica de cunho subalternizante ou através de uma intervenção socioeducativa de caráter emancipatório:

> Questionamos a utilização de dinâmicas de grupo como mero instrumento para movimentação, motivação, esclarecimentos, alívio de tensão, quando não simplesmente como controle dos grupos. Por outro lado, quando os grupos populares fazem uso das dinâmicas de grupo nas e para suas lutas, elas podem se traduzir em instrumentos riquíssimos por possibilitar diferentes formas de participação, aparecimento das semelhanças e diferenças nas relações sociais: da solidariedade ao egoísmo, da subserviência à rebeldia, produzindo conteúdos a serem analisados pelos envolvidos no processo. A utilização das dinâmicas nessa direção depende diretamente dos objetivos a serem alcançados e da forma como são utilizadas pelos diferentes profissionais [...] no trabalho com grupos. (1997, p. 178)

Para Mioto (2009), os principais dilemas e desafios a serem enfrentados são de duas grandezas: técnica e ética. A primeira diz respeito às dificuldades de se construir processos educativos em situações, na maior parte das vezes, adversa, onde a urgência por "respostas rápidas" tem sido a tônica atual apresentada aos assistentes sociais. Quanto à ética, a autora refere-se aos dilemas que o próprio processo educativo impõe sobre a natureza das mudanças a serem realizadas, pois, questiona ela, até que ponto o respeito por valores que perpetuam a posição de subalternidade deve prevalecer?

A questão provocativa da autora traz a necessidade de reflexões por diversos prismas. Limitando-nos a comentá-la apenas sob o ângulo da dimensão socioeducativa, acreditamos que as ações pedagógicas de vieses emancipatórios apresentam significativo potencial para trabalhar os valores subalternizantes entranhados no senso comum e trazidos comumente pelos usuários sem entrar na polêmica sugerida, pois é através de intervenções que possibilitem aos sujeitos a elaboração de reflexões críticas (e, como isso, a identificação de contradições) que esses valores são minados e abrem-se as possibilidades para construção de outros de nova ordem.

Como a dimensão pedagógica do profissional de Serviço Social vem sendo desenvolvida efetivamente no campo, na concretude dos seus dilemas e desafios, é o que buscaremos analisar nos próximos capítulos, ao investigarmos o trabalho com grupos de assistentes sociais em escolas municipais do Rio de Janeiro.

Capítulo 3

O trabalho com grupos como traço constitutivo da cultura profissional:
experiências em escolas cariocas

Abordaremos neste capítulo a experiência recente experimentada no Rio de Janeiro como um exemplo, acreditamos, privilegiado que carrega consigo potencialidades de revelar uma série de determinações que contribuem na reflexão acerca da inserção de assistentes sociais junto à política de educação nas últimas décadas. Certamente, em outros locais onde for tratada a questão do trabalho de assistentes sociais em escolas do ensino fundamental — sobretudo quando inseridos em equipes multiprofissionais — muitas das determinações por nós apresentadas poderão estar presentes em graus variados.

Mais do que o esforço de resgate sócio-histórico desta experiência no sentido de sua sistematização, nosso intento é possibilitar aos assistentes sociais pensar e repensar alguns dos elementos constituintes do processo de trabalho no qual estão inseridos (estejam ou não atuando no campo educacional) e revelar como instrumentos e técnicas utilizados em nosso exercício profissional são, parte das vezes, influenciados por condicionantes de dimensões que estão para além da simples escolha profissional.

3.1 O Serviço Social nas escolas municipais do Rio de Janeiro

Os assistentes sociais que atuam na política educacional da Prefeitura da Cidade do Rio de Janeiro (PCRJ) estão lotados na Secretaria Municipal de Educação (SME). O quadro total de profissionais de Serviço Social nesta secretaria, em 2015, está por volta de 80, sendo todos servidores concursados. Esses assistentes sociais fazem parte do chamado *Programa Interdisciplinar de Apoio às Escolas Municipais do Rio de Janeiro* (PROINAPE). É neste programa interdisciplinar que atuam os assistentes sociais desta secretaria, juntamente com psicólogos e professores. O PROINAPE tem como objetivos principais contribuir para a garantia do acesso, da permanência e do aproveitamento escolar dos alunos das escolas municipais, assim como buscar viabilizar o acesso dos educandos e de suas famílias às demais políticas públicas. O *lócus* de atuação dos profissionais do PROINAPE é as escolas. Ao todo, são mais de mil Unidades Escolares[1] na cidade do Rio espalhadas pelo município (sendo esta a maior rede escolar municipal de toda a América Latina).

---

1. Estão aqui contabilizadas as escolas de ensino fundamental (em torno de 650) e as creches (próprias e conveniadas).

O PROINAPE à época de sua implantação (em dezembro de 2009) constituía-se como um programa intersetorial, pois tanto a Secretaria Municipal de Educação quanto a Secretaria Municipal de Assistência Social (SMAS) — através da sua Gerência de Serviço Social na Educação (GSSE) — eram responsáveis pela sua coordenação. O PROINAPE é uma reorganização de um outro projeto que se chamava *Rede de Proteção ao Educando* (RPE). É da RPE que vêm os assistentes sociais e psicólogos que constituem hoje o PROINAPE.

Para entendermos como se chegou à estrutura atual, precisamos retornar ao ano de 2006 e expor, mesmo que em linhas gerais, a trajetória recente[2] do Serviço Social na política educacional da PCRJ. Trajetória essa permeada por disputas, avanços e retrocessos que deram algumas das marcas atuais do trabalho do assistente social nas escolas municipais.

3.2 A Rede de Proteção ao Educando durante a gestão municipal do DEM

À época da gestão do Partido dos Democratas (DEM), de 2005 a 2008, a Secretaria de Assistência Social e a Secretaria de Educação firmaram uma parceria que tinha como objetivo disponibilizar "*ações de assistência social*[3] voltadas para a melhoria

---

2. Chamo de *recente* essa experiência, pois não devemos desconsiderar todas as anteriores que existiram na PCRJ, como, por exemplo, a ETOE (Equipe Técnica de Orientação Educacional), que de 1960 a 1970 contou com o trabalho de psicólogos, assistentes sociais e pedagogos nas escolas municipais do Rio (não conhecemos registros desse trabalho, apenas relato oral). Ou ainda a exitosa experiência da assistente social Necilda Santana, no CIEP Henrique Teixeira Lott, na Zona Oeste, durante a década de 1990.

3. Grifo nosso.

das condições de aprendizado, diminuição da evasão escolar e orientação às famílias para a melhoria da qualidade de vida".[4] Para tal, foi criada a Gerência de Serviço Social na Educação (GSSE). Esta tinha dentre as suas atribuições estabelecer, juntamente com outras instâncias desta Prefeitura, as diretrizes das ações que visavam alcançar os objetivos desta parceria intersetorial.

Foram convocados para compor a Rede de Proteção ao Educando 136 assistentes sociais aprovados no concurso público da Secretaria de Assistência Social a serem lotados nesta mesma secretaria. Uma outra parte dos assistentes sociais que compuseram o quadro inicial da Rede de Proteção ao Educando foi oriunda de profissionais que já eram servidores da SMAS e que trabalhavam em áreas diversas (assistência social, conselho tutelar, junto à pessoa com deficiência etc.), mas optaram por pedir remanejamento para este projeto que se iniciava. Para o cargo de psicólogo foram convocados os profissionais aprovados no concurso da Secretaria Municipal de Saúde e lotados na SME para compor, junto com a SMAS, a Rede de Proteção ao Educando.

Cada equipe da Rede de Proteção ao Educando era composta por dois assistentes sociais e um psicólogo (salvo exceções), e estavam vinculadas ou a equipamentos da Secretaria de Educação ou da Secretaria de Assistência Social. Faz-se necessário destacar que a estrutura hierárquico-organizacional da Rede de Proteção ao Educando se dividia da seguinte maneira: os assistentes sociais e psicólogos vinculados aos equipamentos da SME tinham como chefia profissionais desta secretaria,

4. Trecho retirado da capa do *Diário Oficial do Município*, de 25/1/2007.

enquanto aqueles lotados nos equipamentos da SMAS tinham, por sua vez, chefias da própria secretaria de Assistência.

Esse modo de organização da RPE dificultava o trabalho em muitos aspectos. A macrocoordenação partilhada do projeto (SMAS e SME) poderia não se constituir como um obstáculo caso os objetivos gerais das duas secretarias tivessem maior convergência. O primeiro documento norteador referente ao trabalho na Rede de Proteção ao Educando já sinalizava que os assistentes sociais e psicólogos atuariam nas escolas de acordo com as demandas de cada uma das secretarias. Não precisamos de muitas mediações para chegar à conclusão de que, enquanto um lado demandaria ações próprias da política de assistência social, o outro traria preocupações particulares ao campo da política educacional. Por mais que o primeiro documento norteador buscasse apontar alternativas (limitadas em função do contexto daqueles dias) que possibilitassem aos assistentes sociais desenvolver um trabalho para além da política de assistência — fato este que, à época, foi mérito da primeira profissional a ocupar o cargo de gerente do Serviço Social na Educação, exonerada meses depois[5] —, na prática os interesses das Coordenadorias de Assistência Social prevaleciam no que tange às ações dos agentes de Serviço Social do projeto.

Segundo as orientações oficiais, as atividades a serem desenvolvidas pelos profissionais da RPE eram, em suma, reuniões com famílias, visita aos alunos que deixaram de

5. Refiro-me aqui à assistente social Alena Mab Góes Contente, servidora da Prefeitura do Rio de Janeiro que, durante todo o tempo em que esteve inserida neste trabalho, contribuiu de forma imensurável para a sua inserção e consolidação enquanto Serviço Social na política de educação, sem jamais abrir mão da dimensão ético-política que envolve tal questão.

frequentar a escola, encaminhamento dos pais desempregados aos programas de qualificação profissional, apoio na retirada de documentos e garantia de acesso aos programas chamados de "inclusão social", inclusive os de saúde, cultura e emprego. Estejamos atentos para a afirmação a seguir: a questão a ser destacada aqui não é as atividades em si, mas o caráter explicitamente assistencial dessas atividades, que, por vias tortuosas, contribuiu de modo decisivo para nortear a ação profissional dos assistentes sociais no sentido de privilegiar o trabalho com grupos. Para analisar as tensões que se operaram na RPE neste sentido, é imperativo antes nos debruçarmos teoricamente sobre o campo da educação.

Pensar a educação como dimensão da vida social na contemporaneidade coloca-nos a necessidade de relacioná-la — sob a ótica da disputa dos antagônicos interesses de classes — com os processos culturais que dela fazem parte; além da sua ligação direta e indireta com a infraestrutura da sociedade capitalista. Uma educação, portanto, pensada a partir das suas múltiplas dimensões contraditórias e localizada sócio-historicamente.

Considerando a educação como uma dimensão complexa e histórica da vida social, podemos compreender então a política educacional como uma dada expressão das lutas sociais travadas em torno da disputa pela hegemonia no campo da cultura que não pode ser pensada de forma desconexa da sua dinâmica particular com o mundo da produção. Para os interesses do capital, "uma das funções principais da educação formal nas nossas sociedades é produzir tanta conformidade ou 'consenso' quanto for capaz [...]" (Mészáros, 2005, p. 45), ao mesmo tempo em que é a partir dela própria e do seu acesso universal a todos os trabalhadores que se abrem possibilidades de construção de uma educação emancipadora.

Faz-se necessário ressaltar a tendência que marca a última década, como bem aborda Sposati (1997), de articulação das políticas de enfrentamento da pobreza e garantia de renda mínima com a política educacional, que aumenta o fluxo de informações e responsabilidades sobre a escola. É na esteira deste processo que situamos o recente aumento das contratações de assistentes sociais por diversas prefeituras esparramadas pelo Brasil para que esses profissionais atuem especialmente com as famílias dos educandos beneficiárias do programa federal Bolsa Família nas escolas municipais.

A Rede de Proteção ao Educando não fugia a essa regra. A convocação dos assistentes sociais por parte da SMAS tinha como manifesto objetivo atuar como "um CRAS dentro da escola". O gestor dessa pasta à época[6] tinha o entendimento de que o assistente social era o "profissional da assistência", aproximando-se de modo enviesado da tese defendida por Yazbek (1993) e extrapolando-a para atender de forma irrestrita aos interesses do capital. O primeiro documento norteador da RPE sinalizava que uma das atribuições do assistente social (e não da equipe como um todo) era, literalmente: acompanhar as famílias dos alunos, sobretudo, aquelas inscritas no Programa Bolsa Família, que se apresentava em situação de infrequência escolar.

As repercussões no campo que essas formas de organização do trabalho da Rede de Proteção ao Educando acarretaram

---

6. Referimo-nos ao senhor Marcelo Garcia Vargens, que, diga-se de passagem, é formado em Serviço Social.

variaram de acordo com as regiões e suas particularidades. Em algumas áreas notamos que, apesar da focalização posta pela SMAS, os assistentes sociais da RPE buscaram articular esta necessidade com outras dimensões mais ampliadas da realidade social. Preocuparam-se não somente com o atendimento das demandas relacionadas ao Programa Bolsa Família, mas também com a perspectiva de possibilitar a participação do educando e sua família na dinâmica da escola, almejando fortalecer os vínculos familiares e comunitários. Para isso, partiu-se da compreensão de que a família deveria ser abordada na sua amplitude e, assim, alargou-se o feixe de atenção para além das demandas particulares do citado programa de transferência de renda.

A tensão circunstanciada de forma dualista entre assistência social *versus* educação acabou por reforçar as visões tradicionais que entendem o assistente social como o profissional que trabalha exclusivamente com a pobreza. Mas, apesar das ações dos profissionais da RPE nesta época terem sido, prioritariamente, desenvolver reuniões com responsáveis para esclarecimento sobre as condicionalidades do Programa Bolsa Família e sobre os demais programas desenvolvidos pelos CRAS e CREAS,[7] também foram criadas estratégias de participação em espaços da escola que permitissem ao assistente social uma inserção mais qualitativa e aprofundada no que se refere propriamente às ações da política de educação.

Contudo, qualidade não parecia ser uma das principais preocupações por parte da SMAS. A Secretaria Municipal de Assistência Social trabalhava sob a lógica de alcance de metas

7. Centros de Referência da Assistência Social (CRAS) e Centro de Referência Especializado da Assistência Social (CREAS).

e cada assistente social tinha seu quantitativo próprio de ações para realizar a cada semana. Estabeleceu-se através de resolução tanto a carga horária semanal que deveria ser destinada para determinada atividade quanto o número de atividades necessárias. As quarenta horas semanais de trabalho precisavam ser organizadas da seguinte forma, para atender às seguintes metas:

<table>
<tr><th>Ações</th><th>Horas semanais destinadas a essa ação</th><th>Meta semanal necessária</th></tr>
<tr><td>Reunião de Equipe</td><td>04 horas</td><td>01</td></tr>
<tr><td>Reunião com Famílias</td><td>08 horas</td><td>04</td></tr>
<tr><td>Articulação da rede local</td><td>06 horas</td><td>03</td></tr>
<tr><td>Atendimentos individuais</td><td rowspan="2">18 horas</td><td>11</td></tr>
<tr><td>Visitas domiciliares</td><td>05</td></tr>
<tr><td>Estudos individuais</td><td>04 horas</td><td>—</td></tr>
</table>

No final de cada mês, os assistentes sociais precisavam preencher uma planilha individual, chamada de "Relatório de Produtividade Mensal dos Assistentes Sociais em atuação na Rede de Proteção ao Educando", onde deveriam registrar os seus números mensais e entregar assinado à sua coordenadoria. A cobrança de boa parte das chefias por estes números era grande e muitas vezes passavam dos limites da ética. O não cumprimento das metas ou a não entrega deste material resultou em inaceitáveis sanções a muitos assistentes sociais, inclusive com advertências públicas em Diário Oficial.

Mesmo que não fosse absolutamente questionável a forma com que essas metas foram impostas, ferindo de sobremaneira a (relativa) autonomia profissional do assistente social no exercício de suas funções, sua implementação na prática tampouco era viável, pois a realidade de qualquer escola é tão dinâmica que não se torna possível adequá-la a uma lógica de trabalho pautada numa racionalidade produtivista como a que estava sendo proposta.

Contudo, as metas e as formas de cobranças capitalísticas pelo seu alcance continuaram a imperar durante longos quatorze meses e tal fato levou os assistentes sociais da RPE a buscarem duas saídas principais. A primeira foi a de se organizarem coletivamente e, junto às entidades representativas da profissão e do conjunto dos trabalhadores, denunciarem e combaterem tanto o processo persecutório que estava em curso quanto a forma organizacional que a SMAS estava impondo aos seus profissionais.

A segunda saída — e que ocorreu de modo paralelo à primeira — foi encontrar estratégias variadas para dar conta de tal exigência institucional. Se, por um lado, a resolução privilegiava ações individuais (como visitas domiciliares e atendimentos individuais), destinando quase metade da carga horária semanal para suas realizações, por outro lado uma das formas encontradas pelos assistentes sociais para alcançarem os quantitativos de ações mensais necessários foi enfatizar o trabalho com grupos, pois este possibilitava atingir um quantitativo maior de usuários e em menos tempo. O trabalho com grupos de famílias ou de alunos costumava resultar, ao seu término, em atendimentos individuais de demandas percebidas ao longo da ação grupal que não eram indicadas serem trabalhadas sem o necessário sigilo, facilitando com isso o alcance das metas mensais.

Outro condicionante da ênfase e da recorrência do trabalho com grupos tinha ligação com as notificações por descumprimento da condicionalidade do Programa Bolsa Família relacionada à escola. Em vez dos assistentes sociais da RPE realizarem visitas domiciliares a cada família que se fizesse necessário informar sobre a punição que estava sofrendo, os profissionais de Serviço Social priorizavam convidar, através das escolas, um número grande dessas famílias para comparecerem todas elas em um mesmo momento e, através de um trabalho com grupo, falavam sobre as condicionalidades do Programa, suas sanções, o valor variado do repasse financeiro e os motivos dessa variação etc.

As condições objetivas impostas pela realidade de trabalho daqueles profissionais os nortearam no sentido de privilegiar o trabalho com grupos, pois a lógica produtivista na qual estavam inseridos os obrigavam a atuar por "atacado". Não podemos deixar de mencionar que a escola, tradicionalmente, é um espaço socioinstitucional que tem em sua cultura o trabalho com grupos de pessoas (seja com os alunos na sala de aula, seja na reunião com os responsáveis). Esta importante particularidade não pode ser desprezada quando pensamos a recorrência do trabalho dos assistentes sociais da RPE com grupos.

As exigências postas pela Secretaria de Assistência Social ao trabalho dos assistentes sociais da Rede de Proteção ao Educando conflitavam em diversos sentidos com os objetivos que os profissionais de Serviço Social pretendiam dar ao seu trabalho. A ideia de fazer da RPE um "CRAS na escola" ou de direcionar à RPE praticamente todas as ações dos programas da assistência social que apresentassem alguma correlação com a política de educação (para serem realizadas, na maioria das vezes, fora do espaço escolar: quer seja nos próprios CRAS/ CREAS, quer seja através de visita domiciliar) era questionada por parcela significativa dos assistentes sociais deste projeto. Tal questionamento pode ser creditado a muitos fatores, mas todos de difícil comprovação efetiva.

A prioridade que a Secretaria de Assistência Social dava às ações de cunho assistenciais na RPE afastou progressivamente o assistente social do psicólogo, uma vez que só os profissionais de Serviço Social eram lotados na SMAS e, portanto, somente estes estavam sujeitos diretamente às orientações que vinham desta Secretaria. O trabalho interdisciplinar ocorreu excepcionalmente em poucas áreas e os assistentes sociais cada vez mais estavam distantes da política de educação e mais próximos da política de assistência social, mesmo trabalhando dentro das escolas.

Até haver novas eleições para a prefeitura, ocorreram poucas mudanças e pontuais avanços em relação à RPE, onde o espaço da escola passou lentamente a ser mais entendido como o local privilegiado para a realização do trabalho dos profissionais do projeto. Contudo, tanto o processo de "assistencialização"[8] do trabalho dos assistentes sociais da RPE, quanto a necessidade dos mesmos estarem inseridos de alguma forma na lógica organizacional dos CRAS/CREAS continuaram imperando.

---

8. Sobre essa temática, sugerimos ver Rodrigues (2007) e a dissertação de mestrado de Moraes (2009).

As estratégias já encontradas pelos profissionais de Serviço Social para dar conta das metas estabelecidas pela SMAS permaneceram em curso, consolidando o trabalho com grupos como um traço constitutivo da cultura profissional na Rede de Proteção ao Educando e parte inerente do processo de trabalho.

3.3 A Rede de Proteção ao Educando e o surgimento do PROINAPE durante a gestão municipal do PMDB[9]

Em janeiro de 2009, Eduardo Paes assumiu pela primeira vez o cargo de prefeito da cidade do Rio de Janeiro. A gestão PMDB deu sequência — como não poderia ser diferente — ao modelo neoliberal de gestão no setor público. E, como é de praxe, trocou-se secretários e pessoas que ocupavam cargos estratégicos dentro da Prefeitura. Esse momento de mudanças e incertezas, que poderia representar o término definitivo da Rede de Proteção ao Educando, acabou por possibilitar à RPE reorganizar-se e aproximar seus objetivos àqueles que a maioria dos seus profissionais de campo defenderam durante os primeiros anos de existência do projeto. Não nos aventuraremos a tentar analisar a fundo a aparente contradição que há no fato de, em vez da nova gestão findar a RPE e lotar todos os assistentes sociais em CRAS e CREAS (enfatizando assim a política de assistência social no sentido de reforçar, na visão dos gestores, o gerenciamento e controle da pobreza), manteve o projeto e possibilitou condições de seu fortalecimento e expansão.

9. Atual MDB (Movimento Democrático Brasileiro), conforme troca de nome da sigla em 2017.

Um fator que pode explicar parte desse fenômeno é a relativa notoriedade que a RPE progressivamente passou a adquirir (seja pelo trabalho realizado em si, seja pelo engajamento político de parte de seus profissionais) tanto no interior da prefeitura do Rio quanto em alguns espaços de representação coletiva dos trabalhadores e universidades. As articulações que uma fração dos trabalhadores da Rede de Proteção ao Educando efetivaram com esses sujeitos coletivos ao longo dos anos iniciais podem ter fortalecido as bases de sustentação do projeto de forma a dificultar sua extinção prematura.

Outro determinante que possivelmente contribuiu para a continuidade da RPE pode ser creditado ao fato de que, com a "dança das cadeiras" na SMAS, quem assumiu a coordenação de um importante setor desta Secretaria[10] foi uma assistente social que, por sua trajetória acadêmico-profissional, entende o agente de Serviço Social não como um profissional exclusivo das ações próprias da política de assistência social, mas como um trabalhador que pode realizar suas ações junto às diversas políticas sociais, e que via na educação um importante campo sócio-ocupacional para o assistente social. Isso representou não somente o estabelecimento de relações democráticas nas formas de solicitação e de controle da "produtividade" dos assistentes sociais da RPE, mas como também alterações profundas na Gerência de Serviço Social na Educação.

Uma das primeiras ações da nova Gerência foi a organização de um grupo de trabalho (composto por profissionais da RPE tanto do "chão de escola" quanto da Gerência) para elaboração de um documento que versasse sobre as diretrizes

10. Refiro-me aqui à Coordenadoria Geral de Gestão do Sistema Municipal de Assistência Social (SIMAS).

gerais para o Serviço Social na Rede de Proteção ao Educando. A partir deste marco o objetivo oficial da RPE passou a ser:

> Contribuir para a garantia da educação enquanto direito social preconizado na Constituição Federal em 1988, e no Estatuto da Criança e do Adolescente (ECA), a partir de ações que promovam o acesso, a permanência e o aproveitamento escolar dos alunos das escolas da rede municipal da cidade do Rio de Janeiro, contribuindo na construção de uma educação pública de qualidade, que vise a preparação para o exercício pleno da cidadania, atuando nos diversos fatores sociais presentes no processo de ensino-aprendizagem. (Zanetti et al., 2009, p. 5)

É interessante destacar que este documento tomou por base muitos dos planos de ação construídos nos anos anteriores pelos próprios assistentes sociais de campo, garantindo assim uma maior convergência entre o conteúdo deste documento geral com aquilo que os profissionais da RPE pensavam e buscavam imprimir em seu trabalho. Além disso, o documento se referendava tanto nos aportes sistematizados pelo Conselho Federal de Serviço Social acerca da atuação do assistente social na área da educação à época,[11] como nas reflexões teórico-metodológicas e ético-políticas do professor Dr. Ney Almeida acerca deste campo.

Iniciou-se então uma nova fase na Rede de Proteção ao Educando. O afastamento de seus assistentes sociais da execução das ações próprias da política de assistência social deu-se de forma processual e acelerada. Esses profissionais não mais estavam ligados aos equipamentos de assistência social da

11. Em 2012 o CFESS lançou um importante documento intitulado "Subsídios para atuação de assistentes sociais na política de educação". Disponível em: http://www.cfess.org.br/arquivos/BROCHURACFESS_SUBSIDIOS-AS-EDUCACAO.pdf.

prefeitura e suas chefias deixaram de ser as diretoras destas instituições, passando a exercerem essa função profissionais da Gerência de Serviço Social na Educação. Mas isso não é o mesmo que dizer que houve uma negação desta política. A relação entre RPE e CRAS/CREAS passou a se dar nos moldes de articulação intersetorial (por mais que os assistentes sociais da RPE continuassem, até então, lotados na Secretaria de Assistência Social).

O maior estreitamento do Serviço Social da RPE com as instâncias da educação também foi questão de tempo e, com isso, reabriu-se a possibilidade da realização de um trabalho interdisciplinar junto aos psicólogos. Os assistentes sociais, seguindo a forma de organização do trabalho na qual já estavam inseridos os profissionais de Psicologia, passaram a estar mais presentes nas Coordenadorias Regionais de Educação (CRE) e, finalmente, a terem as escolas como o *lócus* privilegiado de suas atividades.

As transformações observadas nas diretrizes gerais da Rede de Proteção ao Educando também puderam ser verificadas nos planos de ação das equipes no campo de atuação. Um primeiro e fundamental ponto a se considerar é que alguns planos de ação passaram finalmente a ser elaborados conjuntamente por profissionais de Serviço Social e de Psicologia. Como é natural nos processos de construção interdisciplinar, podemos notar a contribuição dos saberes próprios da Psicologia e a valorização de determinados pontos que antes sequer ganhavam destaque.

A possibilidade de efetivação de um trabalho de cunho interdisciplinar voltou a fazer parte da conjuntura da RPE e, com isso, mudanças tanto no entendimento do fazer profissional quanto em relação ao processo de trabalho vieram à tona. Na esteira deste movimento, a maior (re)aproximação com os psicólogos trouxe para o universo do assistente social novos elementos de ordem teórico-metodológica e prático-operativa.

No que diz respeito ao aporte teórico-metodológico, poderíamos destacar alguns conceitos pouco comuns ao Serviço Social, tais como: captura, implicação, transferência, escuta, dentre outros. Tais conceitos muito difundidos no âmbito da Psicologia têm um entendimento particular a esta ciência e, consequentemente, orienta ações no campo de maneiras diferentes daquelas utilizadas comumente por profissionais de Serviço Social. Afirmar simplesmente que "o assistente social também faz escuta" e, a partir de então, chegar a conclusões homogeneizantes sem considerar as propriedades de cada profissão nos parece ser um equívoco primário.

Outro importante ponto a se relevar é o fato de que, a partir da (re)aproximação com os psicólogos, as perspectivas analíticas balizadas no conceito, amplamente diversificado, de "Análise Institucional" também passaram a compor com cores cada vez mais fortes o quadro da Rede de Proteção ao Educando. Contudo, alguns cuidados importantes precisam ser tomados em processos desta natureza, pois, como afirmam Mioto e Lima (2009, p. 29-30):

> Observa-se que, na ânsia de qualificar as suas ações, o Assistente Social acaba procurando formação em outras áreas profissionais, o que, muitas vezes, o leva a aderir epidermicamente modelos teóricos sem conseguir estabelecer diálogos entre eles e o conhecimento da área de Serviço Social. Isso parece levar ao empobrecimento da profissão em determinados setores, especialmente àqueles que atendem as demandas tradicionais do Serviço Social, demandas essas vinculadas, especialmente, ao exercício profissional em instituições [...].

No que se refere às questões de ordem prático-operativa, destacamos um reforço à ênfase do trabalho com grupos a partir das preocupações oriundas dos profissionais de Psicologia. Como vimos anteriormente, a prática de trabalhos com grupos é algo historicamente marcado tanto na cultura profissional do psicólogo quanto na do assistente social. Acreditamos, porém, que este traço constitutivo do agente de Psicologia não tem relação direta com a grande incidência de trabalhos com grupos realizados nas ações interdisciplinares da RPE.

Em nossa opinião, a influência da Psicologia, neste sentido, não está representada quantitativamente neste modo de intervenção (até porque, como destacamos, o trabalho com grupos é algo presente na ação profissional do assistente social da RPE desde os primeiros anos do projeto, quando a relação com os psicólogos ainda se dava de modo residual), mas sim nas formas de atuação dos assistentes sociais quando trabalham com grupos. Em outras palavras: a (re)aproximação com os profissionais de Psicologia trouxe para o assistente social da Rede de Proteção ao Educando transformações localizadas no campo metodológico e prático, observáveis no trabalho e no entendimento do profissional de Serviço Social com grupos. A passagem a seguir é parte das entrevistas que realizamos com assistentes sociais da RPE e reforça nossa posição sobre a discussão em tela:

> Eu tenho dificuldade para fazer grupos junto com psicólogos da minha equipe. Já trabalhei com psicólogos na saúde mental e em outras situações, mas a impressão que dá e que o psicólogo está sempre querendo te ensinar a como se comportar no grupo: "não, mas você não pode interferir nessa fala, você não pode expressar nada". Parece que eles sempre querem corrigir algo. Então, como

> a nossa formação é diferenciada, às vezes a gente acha que está indo legal no grupo, a gente não quer se colocar, acha que não é o momento de se colocar, mas depois quando vai avaliar a atividade, aí vem alguém da Psicologia e fala: "Não, mas aquela intervenção que você fez não podia ter sido feita naquela hora". E nós do Serviço Social não costumamos dizer para Psicologia como fazer. Então a impressão que dá é que a formação da Psicologia é que é própria para trabalhar com grupos e que a nossa formação não. (G.)

A Rede de Proteção ao Educando passou então por significativas modificações e consolidou-se cada vez mais. A coordenação do projeto no que tange à SME passou por alterações e houve, com isso, mudanças tanto de pessoas que estavam na coordenação da RPE, como alterações na estrutura organizacional por parte da SME. O segundo semestre de 2009 foi caracterizado por uma efetiva aproximação entre as coordenações do projeto no seu nível macro. Tal fato não se deu de modo sereno, mas sim permeado por disputas e divergências claras entre os projetos político-profissionais ali colocados.

A RPE viveu uma reestruturação, passando a se chamar Programa Interdisciplinar de Apoio às Escolas Municipais do Rio de Janeiro (PROINAPE) e a contar com professores nas suas equipes interdisciplinares. Tal qual como era a RPE, o PROINAPE permaneceu configurado como uma ação intersetorial e continuou a ter sua gestão compartilhada entre as secretarias de Assistência Social e de Educação. Contudo, a correlação de forças se acirrou e a SME passou então a dar praticamente sozinha a direção do trabalho. Na sequência, foi lançado um documento (com vistas a nortear os profissionais do PROINAPE na construção dos próximos planos de ação) onde somente a SME consta como autora, sem qualquer referência à Gerência de Serviço Social na Educação/SMAS.

O documento com os elementos norteadores para a construção dos planos de ação para 2010 das equipes do PROINAPE foi o primeiro esforço consistente no que diz respeito a colocar para todos os profissionais que integram o programa (assistentes sociais, psicólogos e professores) a responsabilidade/obrigatoriedade de elaborarem coletivamente um material desta natureza. Ao observarmos esses planos elaborados após o surgimento do documento norteador, podemos perceber a influência das ciências próprias de cada área e o esforço de alcançar uma linha consensual de raciocínio, apesar de notarmos uma prevalência metodológica — e por vezes também teórica — mais próxima ao campo da Psicologia.

Destacamos que a observação que fizemos sobre planos de ação vale também para muitos planos de trabalho: a hierarquização nas relações entre as disciplinas com a sobreposição da Psicologia em relação às demais. Tal fato acarretou reflexos tanto de natureza teórico-metodológica quanto prático-operativa no trabalho do assistente social. Exemplos disso é a primazia pela observação participativa e a ênfase dada no trabalho junto ao segmento dos professores e direção.

Gostaríamos de nos ater um pouco mais neste segundo ponto, pois, ao mesmo tempo em que nos parece ser uma possível influência da perspectiva — muito presente no campo da Psicologia — intitulada de "Análise Institucional" (independente se interpretada de formas enviesadas ou não) é também uma demanda institucional colocada por parte da SME, que vê em determinado segmento dos trabalhadores da educação (leia-se: professores e direção) os agentes protagonistas que precisam ser "potencializados" para dar conta de suas funções profissionais e fazer com que a escola "caminhe com suas próprias pernas".[12]

Avaliamos que um trabalho voltado para todos os trabalhadores das escolas (aqui incluídos também as merendeiras, inspetores, serventes, guarda municipal etc.) é de fundamental importância quando almejamos contribuir com o processo de transformação da escola e de suas práticas pedagógicas tradicionais. Planejar um trabalho que contemple o conjunto de trabalhadores da instituição é meio fundamental para o enfrentamento do estado de alienação resultante dos processos de trabalho compartimentalizado e individualizantes próprios do capitalismo. Contudo, privilegiar aqueles atores que já ocupam posições de destaque no processo de correlação de forças institucional em relação aos usuários dos serviços, acreditando que, com isso, será possível alterar essa mesma correlação de forças instituída, é, no mínimo, ingenuidade.[13]

Sem querermos responsabilizar a citada sobreposição hierárquica da Psicologia nas relações interdisciplinares estabelecidas, notamos em planos de trabalho certa tendência às formas funcionalistas de interpretação das instituições sociais e seus modos de funcionamentos, que partem da ideia de que com a (re)organização da lógica e das relações estabelecidas, restritivamente dentro dos limites instituídos,

12. Esta informação entre aspas é utilizada de modo recorrente entre os vários profissionais do PROINAPE e, ao que nos parece, carece consideravelmente de melhor definição por seus defensores.

13. A respeito desse tema, citamos como referência Faleiros e a sua conhecida teoria do "paradigma da correlação de forças" (2007, p. 44).

pode-se garantir o bom desenvolvimento dos processos institucionais. Tal tendência que parte de concepções a-históricas assume como natural e insuperável o modelo educacional hegemônico, buscando-se, assim, somente "corrigir" ou possibilitar aos atores da escola a "correção" dos elementos que se apresentam como aparentes entraves, caminhando portanto em rota de colisão com os pressupostos do projeto ético-político da nossa profissão.

É justamente no bojo dessas reflexões que situamos a discussão acerca da defesa de grande parte dos profissionais do PROINAPE pelo trabalho denominado de "coletivo", que muitas vezes contribuiu e vem ainda contribuindo para o aumento da recorrência de trabalho com grupos. Acreditamos se configurar um equívoco a falsa dicotomia entre "coletivo *versus* individual", como se o primeiro se tratasse de uma ação eminentemente progressista e o outro algo do campo do conservadorismo. Definitivamente não é ao optar por trabalhar com grupos ou através de atendimentos individuais que o assistente social (ou qualquer outro profissional) estará imprimindo esta ou aquela direção política ao seu exercício profissional.

Concordamos ser uma preocupação importante não individualizar as muitas questões que se apresentam no cotidiano escolar e que têm raízes sociais, econômicas e culturais intrincadas nos processos capitalistas de exploração do homem pelo homem e que se expressam através das múltiplas manifestações da questão social. Deste modo, o problema que se revela com mais destaque em um determinado aluno — e que se configura comumente como demanda para os profissionais do PROINAPE — precisa sim ser pensado a partir de um prisma que coloque a questão para além do campo do individual, de forma a possibilitar aos diversos segmentos da escola reflexões que (re)identifiquem aquela situação, a princípio personificada, como um fenômeno comum em que a maioria dos sujeitos que participam daquela instituição não estão alheios, em maior ou menor grau, aos mesmos riscos.

A hegemonia que foi criada em torno do "coletivo" no PROINAPE precisa ser discutida por seus agentes através de outras bases analíticas que possibilitem a esses sujeitos compreender os significados da sua inserção naqueles processos de trabalho institucionais e toda a gama de suas particularidades, resgatando, portanto, as abordagens clássicas que localizam o Serviço Social na divisão social e técnica do trabalho na ordem capitalista. Independentemente de o trabalho realizado pelos profissionais do PROINAPE ser caracterizado como coletivo ou não, avaliamos ser de suma importância que este seja pensado a partir de bases teórico-metodológicas que não abduzam a educação do terreno concreto e contraditório da luta de classes.

Para finalizarmos o breve resgate histórico que nos propomos a realizar neste capítulo acerca da experiência atual do Serviço Social junto à Secretaria Municipal de Educação da Prefeitura do Rio de Janeiro, precisamos registrar as alterações que se operaram na estrutura organizacional do PROINAPE por força dos Decretos ns. 32.505 e 32.506, ambos de 13 de julho de 2010. A partir de Atos do Prefeito, todos os assistentes sociais integrantes do PROINAPE passaram a ter suas lotações em uma unidade administrativa da SME, assim como os Atos imprimiram modificações nas funções da Gerência de Serviço Social na Educação da SMAS.

A passagem dos assistentes sociais para a SME (que desde o início desse trabalho eram lotados em instâncias da SMAS) acarretou na reestruturação organizacional do programa, ao passo que, pela primeira vez na trajetória recente do Serviço Social na educação pública carioca, esses assistentes sociais passaram a fazer parte oficialmente do quadro de profissionais da política de educação deste município, passando estes a terem tanto a chamada "vida funcional" (férias, licenças, avaliação de estágio probatório etc.) sob responsabilidade da SME, assim como chefias próprias desta Secretaria (e não mais os assistentes sociais da Gerência de Serviço Social na Educação/SMAS que, passado pouco tempo, foi extinta), além do pagamento de seus vencimentos oriundo do orçamento da pasta de educação.

Foi criado ainda um novo documento norteador que centra o eixo de atuação dos profissionais do programa nas questões próprias das relações de ensino-aprendizagem com seus diversos atravessamentos e desdobramentos no cotidiano escolar, entendendo-os como partes constituintes deste contexto. Os assistentes sociais que atuam nas escolas municipais do Rio de Janeiro permanecem inseridos no PROINAPE e lotados todos na SME. Porém, o cargo de assistente social na Secretaria de Educação (assim como o de psicólogo) ainda não foi criado. Este fato, além de outras consequências, impossibilita por exemplo a abertura de concursos públicos para profissionais de Serviço Social (e de Psicologia) na educação de modo a recompor as muitas baixas já existentes nesse quadro de profissionais que, se no início dessa experiência contava com mais de 130 assistentes sociais, em 2015 o número está em torno de 80.

Dois outros elementos conjunturais complementam os tons contemporâneos dessa trajetória do Serviço Social nas escolas municipais do Rio. Um deles diz respeito a um fato de relevância histórica: de forma inédita, um grupo de assistentes sociais que trabalha na Secretaria Municipal de Educação da Prefeitura do Rio de Janeiro conseguiu se filiar ao Sindicato Estadual dos Profissionais da Educação (SEPE). Sindicato este que passou a reconhecer os assistentes sociais como trabalhadores da educação. Reconhecimento que veio através de reivindicação e pressão política desses assistentes sociais junto a determinados segmentos do SEPE até então resistentes a tal filiação.

O outro elemento refere-se à aprovação do Projeto de Lei n. 1.314/2012, que dispõe, no âmbito do Município do Rio de Janeiro, sobre as ações interdisciplinares de assistentes sociais, professores e psicólogos no apoio às Unidades Escolares. A legislação foi aprovada na Câmara dos Vereadores em 2013 e a incidência política de profissionais do PROINAPE, conjuntamente com o SEPE, foi fundamental para garantir na lei uma série de emendas que melhor solidificam as relações entre o trabalho dos profissionais do programa interdisciplinar com o compromisso junto à construção/fortalecimento de uma educação pública, gratuita, laica e de qualidade para todos. Porém, essa luta apresenta outros capítulos, pois o prefeito da cidade vetou o PL, devendo este retornar à Câmara para ser rediscutido e novamente votado. Mais uma vez a criação da lei vai requerer articulação e pressão política dos profissionais e de suas instituições representativas.[14]

---

14. Para parcial atualização do cenário profissional e político atual do PROINAPE, sugerimos a leitura da apresentação à 2a edição deste livro.

Nosso resgate dessa trajetória do Serviço Social junto à política educacional do município do Rio de Janeiro aqui se encerra sem a pretensão de esgotar o processo de resgate histórico e de sistematização da experiência em tela, mas sim de contribuir com o seu adensamento. No nosso último capítulo, buscaremos explorar como assistentes sociais têm trabalhado com grupos e como as Dinâmicas de Grupo têm estado presentes no campo concreto da intervenção profissional.

Capítulo 4

Grupo e Dinâmica de Grupo no trabalho do assistente social

Para desvelarmos algumas das formas concretas que assistentes sociais vêm utilizando e interpretando atualmente, em seu trabalho cotidiano, o instrumental do grupo e a técnica da Dinâmica de Grupo, realizamos como meio investigativo entrevista com profissionais de Serviço Social atuantes no campo da política de educação do município do Rio de Janeiro. Esta consistia em três perguntas principais:

1) Quais os motivos que levam vocês a trabalhar com grupos?
2) De que formas vocês conduzem o trabalho?
3) Quais são os resultados que vocês observam do trabalho com grupos?

Optamos por dividir este último capítulo de acordo com alguns eixos analíticos que nos permitiram aprofundar a discussão em determinados pontos. Outro motivo dessa opção foi a de facilitar a compreensão do leitor. Contudo, reforçamos que os eixos são indissociáveis entre si e que nossa decisão foi notadamente metodológica.

4.1 O trabalho com grupos como opção político-metodológica

A importância depositada no trabalho com grupos ficou já evidenciada no início de nossa investigação. Os motivos para este fato são diversificados e vão desde intervir junto a um número maior de pessoas, até possibilitar aos participantes do grupo reflexões que permitam identificar que as questões que afligem a um indivíduo são semelhantes àquelas que atingem aos demais. O grupo, por tal prisma, é visto pelas assistentes sociais entrevistadas como um espaço facilitador para que ocorra a troca entre os integrantes. "Quando um componente do grupo ouve o outro, ele vai acrescentando mais ideias, vai ampliando as ideias, um ouvindo o outro. É muito importante isso" (H.). O trabalho com grupos aparece assim com o intento de deslocar para o âmbito da coletivização questões que são comumente individualizadas.

Podemos notar certas semelhanças entre estes objetivos de se trabalhar com grupos e aqueles presentes nas antigas ideias de autores do campo positivista/funcionalista — como Lewin (1975) e Cartwright e Zander (1969) — que diziam que nos grupos, de uma forma geral, os problemas tendem a ser os mesmos e a fazerem parte da vida dos membros que os compõem. Contudo, considerando as divergências e convergências entre o passado e o presente de nossa profissão, as entrevistadas atribuem ao trabalho com grupos a possibilidade de se implementar nas escolas atividades de caráter pouco comum a estas instituições. Atividades que vão de encontro à lógica rígida, individualizante e fragmentadora hegemônica naquele espaço.

Em outros termos: o trabalho com grupos aparece como uma alternativa de se executar nas instituições ações que insiram seus atores em processos que enfatizem ações coletivas e que sejam pautados por vieses afastados dos tradicionais. Podemos afirmar que, nesta perspectiva, o trabalho com grupos se coloca como um meio de possibilitar a experiência de outras práticas pedagógicas mais flexíveis e dialogadas nestes espaços.

Revelam-se assim questões relacionadas à dimensão político-pedagógica do trabalho do assistente social. Não correremos o risco de dimensionar demasiadamente o fato de os profissionais de Serviço Social não reproduzirem em seu trabalho o modelo tradicional de relações pedagógicas instituído nas escolas. Afirmar que isso, por si só, tem relação orgânica com processo de construção de uma contra-hegemonia no espaço escolar seria imprudente. Por outro lado, não podemos desprezar as ações impetradas nas escolas que se guiam por nortes mais democráticos e que concorrem espaço e disputam legitimidade com atividades de cunho tradicional e conservador. O que queremos dizer é que para que o assistente social desenvolva sua atividade laborativa em consonância com práticas pedagógicas compromissadas com a emancipação humana, o agente de Serviço Social precisa ter necessariamente consciência deste compromisso e ter claro para si o porquê daquela sua ação. Ação esta que não pode ser pensada descolada do processo de trabalho institucional, mas sim compreendida a partir deste.

A escola, enquanto espaço sócio-ocupacional, é composto e disputado por sujeitos diversos. Para uma das entrevistadas, a ação com grupos tem importância não somente quando o profissional de Serviço Social trabalha com os usuários da instituição, mas também com seus trabalhadores.

> Esse trabalho [de grupos] com os professores tem se mostrado muito interessante, porque eles se sentem muito sozinhos nesse espaço, nesse trabalho do dia a dia. E quando eles estão juntos num grupo, eles conseguem recriar os papéis de ação para aquelas situações limites que eles enfrentam dentro da sala de aula. Eles conseguem, entre eles, mudar essas estratégias. Depois eles trazem o produto daquilo que discutiram no grupo. Eles reconhecem que sozinho fica muito mais difícil enfrentar uma situação porque ele está junto com o outro. (E.)

Neste sentido, acreditamos que um trabalho com grupos quando realizado junto aos trabalhadores de determinada instituição permite abrir uma clareira no denso processo de trabalho no qual estes estão inseridos. Percebemos que o trabalho com esses grupos — como o de professores, por exemplo — pode se constituir também como uma forma de se enfrentar a individualização e compartimentalização características dos processos capitalistas de trabalho. Contudo, intervenções junto aos professores precisam vir carregadas de sentido crítico-reflexivo que visem estimular o questionamento desta forma tradicional de se estabelecer o trabalho nas escolas (e na sociedade em geral) e a proposição de outras formas de organização, pois, caso contrário o trabalho com grupos de professores corre o sério risco de se tornar apenas um "muro de lamentações" onde são expostas as muitas visões fatalistas que compõem o universo educacional, com poucas oportunidades de reflexão e de construção de algo novo.

Compactuamos com Vasconcelos (1997, p. 157) quando a autora afirma que "não há discordância em trabalhar com alívio de tensão e apoio [...]. A discordância está relacionada ao alívio de tensão e ao apoio como objetivos únicos e/ou prioridade da prática profissional". Destarte, acaba-se por reforçar aquilo já estabelecido em vez de possibilitar a construção de visões e práticas balizadas por outros referenciais.

> Por que a gente está fazendo esse grupo? Com que objetivo? Aonde a gente quer chegar? Sempre pergunto isso. Eu me preocupo com que o grupo não vire um espaço de bate-papo. Não é um lugar pra bater papo. Você tem que saber o que se quer com esse grupo e aonde você vai com ele. (D.)

Acreditamos que as respostas para as centrais indagações do trecho anterior precisam ser pensadas considerando o contexto de correlação de forças institucional que conformam as instituições empregadoras de assistentes sociais e que, invariavelmente, esses profissionais são mobilizados para, justamente, manter e aprofundar as relações sociais desiguais instituídas, seja através da coerção, seja através do consenso. É na esteira desse pensamento que precisamos analisar a próxima passagem em que uma assistente social afirma que:

> A educação é muito fechada. Acho que não existe o momento de ouvir o outro. Quando a gente faz um grupo com famílias, você está trazendo a família para a escola, dando a possibilidade dela ser ouvida. Quando a gente faz um grupo com alunos estamos

> dando oportunidade para o aluno ser percebido como cidadão dentro da escola [...]. (F.)

Contribuir com a inserção e participação da família na escola, assim como atuar no sentido de possibilitar ao educando outras posições dentro da instituição, são, por exemplo, condições indispensáveis no processo de alteração do tradicional quadro de correlação de forças instituído. Optar por fortalecer determinados atores e, neste sentido, defender um projeto educacional emancipador em detrimento do hegemônico, representa inevitavelmente entrar em conflito com outros sujeitos que estão também inseridos nos processos de disputa que conformam o campo da educação.

A escola e as relações que ali se estabelecem estão sujeitas a todas as contraditoriedades próprias do modo de organização da sociedade capitalista. Deste modo, parte dos professores e componentes da direção que, tradicionalmente, localizam-se no polo que concentra e monopoliza o poder podem, perfeitamente, colocar-se a favor dos processos de ordem contra-hegemônica em curso dentro das escolas que têm por meta reverter exatamente esta posição centralizadora na qual eles se incluem. A necessidade de resgatar para o campo progressista os indivíduos que, por motivos variados, colocam-se em posição de resistência às mudanças dessa ordem é — num sentido semelhante e guardada as devidas proporções — tão imperativo quanto o processo que Gramsci sinaliza de conquista dos intelectuais tradicionais para a causa revolucionária.

Encontrar estratégias que possibilitem a reflexão crítica, o questionamento e o processo de alteração do quadro contemporâneo que configura as escolas é uma das exigências postas aos sujeitos comprometidos com a superação da ordem atual. Neste sentido, destacamos uma experiência a partir da utilização de uma Dinâmica de Grupo denominada "Dinâmica das Falas". Essa Dinâmica foi aplicada em uma reunião de professores. As assistentes sociais fizeram um levantamento de várias falas e colocações que ouviram de professores, alunos e responsáveis durante todo o ano letivo. As profissionais reuniram cerca de 35 professores e colocaram essas falas numa caixa (sem identificação dos seus autores) para que cada um sorteasse um papel e fizesse a leitura em voz alta, seguida de um debate no grupo.

As frases selecionadas para a Dinâmica de Grupo foram as seguintes:

- Eu gostaria de ser uma televisão para ser visto, olhado.
- Talentos não aparecem porque a escola não cria eventos. A escola tinha que ser dinâmica. Aqui existem talentos, mas estes não aparecem.
- É a primeira vez que sou chamado para ser ouvido em anos de município.
- Não vejo nada de bom na escola.
- Um aluno da turma x é marginal, o outro é bandidinho.
- Os professores estão se comportando melhor porque agora tem uma equipe na escola olhando pelos alunos.
- Essa escola é pior do que a emergência do Salgado Filho.[1]
- Tenho uma escola cheia de perebentos.
- O professor é vítima do sistema educacional, mas o aluno também porque as mães não param de parir.

1. Referindo-se ao Hospital Municipal Salgado Filho, localizado na zona norte carioca.

- Entramos num jogo de poder com os alunos e entramos no mesmo nível;
- Eu sou pago para lecionar e não para educar.

Vejamos a sequência do relato da assistente social:

> Achei bem relevante, primeiramente porque permitiu aos professores terem um momento de discussão em grupo, debaterem suas ideias. Um professor sinalizou que aquela foi a primeira oportunidade de, depois de anos lecionando naquela escola, ter um momento como aquele, de refletir algumas situações que aconteciam na escola. Ressaltaram a ausência dos familiares nas reuniões, o grau de importância que a escola tinha para o aluno [...], a incapacidade do aluno em ter perspectiva de futuro. Achei interessante quando uma professora colocou que eles [professores] tinham que acabar com o discurso de culpabilização da família, do aluno e sim cada um fazer a sua parte no processo educacional. Outro ponto abordado foi a questão da violência escolar. Na maior parte do tempo o professor culpa o aluno como o único segmento violento da escola [...].

Percebemos neste relato a preocupação com a circulação dos discursos e o debate de ideias em grupo. Indiscutivelmente a técnica interventiva elaborada ao longo de todo o ano letivo e aplicada para esse fim parece ter atingido os seus objetivos. A ênfase dada ao grupo apenas como um espaço de troca — que, não raramente, se esgota em si mesmo — esvazia de responsabilidade o assistente social como um agente que pode e deve desempenhar a sua função político-pedagógica junto aos integrantes deste grupo. Vasconcelos destaca algo que muito se assemelha às nossas preocupações:

> É comum ouvirmos de assistentes sociais: "Fiz uma reunião/entrevista excelente. As pessoas falaram sem parar. Disseram tudo o que queriam e eu não precisei fazer nada, dizer nada, em nenhum momento" [...]. Parece que se o assistente social pretende utilizar o espaço profissional para que os usuários usufruam dele como um espaço investigativo, reflexivo, de crítica, na busca de respostas de qualidade às demandas, permanecer no simples relato das histórias cotidianas não serve a este processo. Também não basta apenas um assistente social que só ouça, mesmo que seja um ouvir atento, um ouvir de qualidade. (1997, p. 157)

A sinalização das contradições expressas pelos integrantes dos grupos, comumente nítidas ao olhar do educador comprometido com uma educação distinta da tradicional, devem ser trabalhadas de modo que oportunize ao sujeito perceber o quão desconexo é aquele modo de pensar. A dimensão pedagógica que o grupo oferece permite que, em vez de "ensinar" através de uma simples transferência de conhecimentos, o educador atue na perspectiva da ampliação da visão de mundo dos seus componentes, nunca desconsiderando o conhecimento acumulado deles próprios.

Ao profissional comprometido com os processos pedagógicos de caráter emancipatório cabe a tarefa permanente de dialogar, que por sua vez implica na disposição de falar e ouvir, de dar vez e voz, em uma reflexão individual e grupal, possibilitando a elaboração e o fortalecimento de culturas centradas em valores mais solidários e coletivos. É justamente a incidência no campo do conhecimento, dos valores, dos comportamentos, ou seja, no campo da cultura, que se alargam as possibilidades para o assistente social colocar-se na função de um intelectual capaz de possibilitar ao usuário a percepção de contradições que se apresentam na realidade devidamente fetichizadas por influência da ação da ideologia.

Nossa investigação apontou para o fato de que o trabalho de assistentes sociais com grupos trata-se, em boa medida, de uma opção político-metodológica. As demandas e exigências institucionais costumam chegar ao Serviço Social de forma individualizada, pessoalizada. Manuseá-las de formas diferentes está inserido no campo da autonomia profissional do assistente social. Para uma das nossas entrevistadas, "as escolas demandava muito um atendimento individual, não um atendimento coletivo. Resolva o problema do aluno, atenda a família do aluno, mas não dizia 'pegue esta demanda e faça um grupo com ela'" (D.).

Muitas vezes pode até ocorrer um estranhamento institucional quando se propõem trabalhos grupais. Somado ao estranhamento, há, em algumas instituições, um temor no que se refere ao Serviço Social realizar trabalhos com grupos, como afirma a assistente social:

> Me lembro de ter tido experiências com grupos e que quando eu terminei aquele trabalho a direção veio querendo saber o que tinha sido abordado ali. Com muito receio dos assuntos que estavam sendo tratados, porque o grupo contava com um número grande de alunos. Uma coisa é você trabalhar um assunto com um aluno, outra coisa é você trabalhar com um número muito maior. (A.)

A reflexão da assistente social a seguir é representativa. Ela busca articular o modelo de organização da produção capitalista com o processo de trabalho implementado nas escolas, ao qual ela insere acertadamente o trabalho do assistente social. Neste sentido, a entrevistada localiza o trabalho com grupos como uma ação que vai por um caminho oposto à lógica organizacional escolar. A resposta surgiu após a seguinte indagação: não parece contraditório uma instituição que trabalha majoritariamente com grupos de pessoas — considerando principalmente a sala de aula — ver com estranhamento o trabalho do assistente social com grupo?

> Para mim é a lógica da produção mesmo, porque quando se trata de produção fabril — como aprendemos lá na faculdade — a gente consegue entender. Mas em nível de Serviço Social, esse trabalho teórico, a gente parece que perde essa noção de que há uma produtividade mesmo. Há uma produção [...] e as pessoas se engessam e reproduz. A estrutura faz com que sejam robôs mesmo. A demanda [...] é para resolver problemas e da maneira mais rápida possível. Porque se for pra pegar um grupo de alunos, de professores... E de professores é pior, porque você vai "parar uma produção" [...]. Aí chega uma equipe que propõe um trabalho coletivo [...]. A nossa inserção ali eles querem enquadrar nessa lógica também. É por isso que a gente rema contra maré. (C.)

O trabalho do assistente social, por configurar-se trabalho assalariado, expõe o seu agente ao estado de alienação inerente ao processo no qual a sua atividade laborativa está inserida. Submete o assistente social, assim, à segmentarização das fases do processo de trabalho e, com isso, a uma posição de estranhamento quanto ao produto final da ação coletiva dos trabalhadores da instituição (Almeida, Barbosa e Cardoso, 1998). A relação entre a autonomia técnica do assistente social e a lógica estrutural do trabalho capitalista é tensa, pois, "ao vender sua força de trabalho para sobreviver, fica privado ou tem reduzido o controle sobre os meios de produção de seu trabalho, submetendo-se às normas regulatórias e hierarquias administrativas que organizam os serviços" (Idem, ibidem).

Uma assistente social fez as seguintes reflexões: "Mas qual é o objetivo que a escola tem com relação ao nosso trabalho? E qual o objetivo que nós temos com relação àqueles alunos? Acho que é isso que é contraditório, é nesse ponto que está a questão" (B.). A contraditoriedade sinalizada diz respeito à própria natureza da profissão de Serviço Social, seja qual for o campo sócio-ocupacional em que o seu profissional esteja inserido. O conflito entre objetivos institucionais e objetivos profissionais só existe (ou fica mais latente) quando o assistente social tem como preocupação pautar seu exercício em elementos ético-políticos vinculados ao projeto hegemônico da profissional.

4.2 A relação interdisciplinar no trabalho com grupos

Compactuamos com a ideia de que o projeto interdisciplinar que combina, solidariza, desmitifica está em franca oposição àquele projeto disciplinar que distingue, privilegia, consagra (Portella apud Minayo, 1994). A interdisciplinaridade não é sinônimo de sobreposição de várias faculdades no mesmo lugar, ou do ajuntamento de vários especialistas com suas linguagens sentados um ao lado de outros (Minayo, ibidem). Entendemos interdisciplinaridade como uma relação horizontal entre profissionais de formações diferentes partícipes conjuntamente de ações de trabalho que possuam objetivos político-profissionais convergentes, em que cada um desses sujeitos contribua com seus saberes através de relações democráticas, menos rígidas e limitadoras da expressão crítica e criativa entre os profissionais.

A relativa hierarquização nas relações interdisciplinares observada na experiência carioca não se deu de modo linear e muito menos de forma passiva. As resistências e os questionamentos permearam esse processo, caracterizando-o como um movimento de disputa e não de consentimento. Enquanto em alguns casos o profissional de Psicologia tentava sobrepor seu ponto de vista acerca do entendimento teórico-metodológico e prático-operativo do trabalho com grupos, em outras era o assistente social que direcionava este trabalho. Vejamos duas situações que exemplificam essa variação.

No primeiro caso, a assistente social relata uma experiência durante a condução de uma atividade com grupo na escola, onde a avaliação dos psicólogos sobre determinada postura dos participantes do grupo se fez valer sobre as análises das assistentes sociais, mesmo estas demonstrando discordância manifesta acerca da opinião dos profissionais de Psicologia.

> Vou dar o exemplo do silêncio: às vezes acontecia da gente estar em dupla de assistentes sociais e psicólogos em um trabalho com grupo e a gente percebia que o silêncio estava denotando que aquele grupo não estava mais interessado naquela atividade. Então a gente queria planejar alguma coisa, levar um vídeo, alguma coisa pra fomentar a discussão. E, quando a gente passa a ideia para a equipe de Psicologia, ela diz: "não, a gente não tem que trazer nada. Deixa esse silêncio acontecer". E depois a gente acabou vendo que as pessoas já não vinham mais para o

> grupo, já não compareciam mais realmente. O que tínhamos percebido é que estava acontecendo mesmo um desinteresse daquelas pessoas. Eu não sei se é questão de formação ou não, mas a outra parte não via dessa forma. Via aquele silêncio como produtivo, só que... (G.)

Outra assistente social complementa:

> E a gente tentava intervir nesse silêncio. Eu sou dupla da G. Então passamos por essa situação juntas. Falávamos no grupo: "fulano, e aí? O que você acha da fala do cicrano?". Tentando trazer de novo, quebrar o silêncio pra ver se o grupo ficava interessante novamente. Então quando íamos avaliar, os psicólogos diziam: "Você não podia ter falado aquilo". Falavam que o silêncio tem alguma coisa [...]. Aí fica aquela crítica no final: "Poxa, você não podia ter falado para aquela pessoa do grupo pra falar, porque você quebrou o silêncio". Mas, a gente percebia, conforme G. falou, que o silêncio era por causa do assunto já ter se esgotado. Eles não tinham mais o que falar e estava horrível aquilo ali. A gente via que estava chato e eles já não achavam que estava chato. Então a gente tentava quebrar o silêncio, tentando fomentar o assunto, trazer à tona outro assunto. (H.)

Acreditamos que o silêncio quando surgido no trabalho com grupos não é necessariamente sinônimo de que aquela atividade esteja desinteressante para os seus participantes. Nem tampouco defendemos que o silêncio seja algo não passível de intervenção. "O silêncio nem sempre necessita ser interrompido. Antes de tudo, é necessário entendê-lo no processo" (Vasconcelos, 1997, p. 170). O silêncio pode ser consequência desde atitudes coercitivas e/ou vexatórias dos coordenadores da atividade que inibem a participação dos indivíduos, até representar um momento de reflexão do grupo propiciada por alguma indagação ou experiência surgida naquele espaço. Pode acontecer pelo fato daquela atividade não contemplar os interesses dos usuários, ou por causa da mesma já ter se esgotado. Ou ainda o silêncio pode ter origens totalmente alheias à responsabilidade dos profissionais. Deste modo, a pergunta que cabe ser feita é: "Qual a possível contribuição do profissional na geração daquele silêncio?" (Idem, ibidem). E essa reflexão precisa ser feita entre todos os diferentes sujeitos que compõem uma equipe interdisciplinar, onde cada profissional a partir dos seus referenciais poderá analisar a situação pelos seus diversos ângulos.

Seguindo por outro caminho, a experiência interdisciplinar no trabalho com grupos causou surpresa em outra assistente social por conta das psicólogas que compunham sua equipe não terem clareza de como atuar exatamente utilizando o instrumento em questão. Contudo, segundo a entrevistada, com o desenvolver do trabalho, a interdisciplinaridade possibilitou que o acúmulo da assistente social nas ações com grupos contribuísse para um melhor amadurecimento da intervenção das profissionais de Psicologia nestes espaços. "E sem hierarquizações", destaca ela.

Entendemos que uma possibilidade de superação desses impasses próprios do trabalho interdisciplinar é a questão do planejamento. O planejamento da atividade, tal qual a própria execução da mesma, constitui um momento do trabalho interdisciplinar de negociação e de reflexão e que, não raramente, apresenta-se como um espaço tensionado por disputa de interesses de ordem profissional. Partimos do princípio de que o planejamento se configura como um "elemento do qual a ação profissional não pode prescindir, pois é ele que permite projetar a própria ação, a partir do conhecimento obtido da realidade, da proposição de objetivos, da escolha de forma de abordagens e de instrumentos operativos" (Mioto e Lima, 2009, p. 37). Tal projeção e suas definições precisam estar em consonância com a matriz teórico-metodológica eleita como a balizadora do trabalho (Idem, ibidem).

Provavelmente pelo fato do planejamento representar uma possibilidade do trabalhador projetar suas ações antes sequer de iniciá-la, ou seja, uma oportunidade de explorar o sentido teleológico inerente ao homem — sentido este estrategicamente atrofiado pelo modo capitalista de organizar o trabalho —, esta atividade esteja cada vez mais negligenciada e menos presente na cultura das profissões na atualidade. Através de processos de trabalho que enfatizam demasiadamente o "fazer", deixando pouco ou nenhum tempo para o "pensar esse fazer", os trabalhadores em geral veem-se obrigados a abandonar essa fase do trabalho, deixando-a nas mãos daqueles que têm por função o controle do próprio processo de trabalho, aprofundando a subalternidade, a dependência e alienação progressiva da classe.

Divergindo da lógica estabelecida, boa parte das assistentes sociais entrevistadas afirmou que costuma planejar com antecedência as atividades com grupos e as Dinâmicas de Grupo que visa executar. Contudo, planejar conjuntamente não é garantia de que o momento da execução se dará sem contratempos. Entre o momento do planejar e a realização da atividade em si, inúmeras são as possibilidades de ocorrer algo fora do esperado. Portanto, o planejamento não deve ser algo fechado que engesse o trabalho, mas sim um plano que considere o imprevisto e, em vez disso comprometer o planejamento, que dialogue com o inesperado de modo flexível, sem que isso obrigue os profissionais a abrirem mão dos objetivos inicialmente traçados para as suas ações.

Precisamos estar cientes de que os processos de disputa que conformam e particularizam as instituições não ocorrem de forma retilínea. Ou seja, a correlação de forças institucional não se opera feito um "cabo-de-guerra", onde só há dois polos agindo cada um para o seu lado. As disputas de poder e de busca pela legitimação e efetivação do trabalho ocorrem em muitos níveis e com diversos sujeitos envolvidos, podendo se dar tanto no campo macroinstitucional quanto no interior das equipes multiprofissionais. Neste sentido, o saber profissional desempenha papel fundamental, pois aquele assistente social que compreende os principais pontos teórico-metodológicos da sua profissão, assim como domina conscientemente o seu campo prático-operativo e é capaz de debater as questões de ordem ético-política estará devidamente apto para informar a qualquer um o "como", "por que" e "para que" realiza determinada ação, além de defendê-la quando necessário.

Notamos, por vezes, que na tentativa de se garantir um trabalho interdisciplinar para determinado trabalho com grupos, assistentes sociais não costumam acessar materiais próprios do Serviço Social. Talvez pela própria escassez desse tipo de materiais, muitos assistentes sociais na busca de elementos técnico-operativos visitam *sites* na internet para pesquisar por Dinâmicas de Grupo ou pedem auxílio a profissionais de categorias diferentes. As preocupações profissionais, nesse sentido, nem sempre estão na órbita do campo teórico-metodológico e, ao recorrer ao âmbito dos elementos práticos, o assistente social o faz sem interface com o Serviço Social.

Contudo, nossa inquietação não tem origens corporativas. Acreditamos que para o assistente social desenvolver um trabalho com grupos — tanto no sentido teórico quanto no viés prático-operativo — não há uma obrigatoriedade do mesmo se debruçar sobre uma bibliografia particular do Serviço Social para realizar tais estudos. Sabemos que, historicamente, a demanda em torno do assistente social não se dirige diretamente à produção de conhecimento, valendo-se de concepções científicas sobre as ciências sociais para operar o seu trabalho (Almeida, Barbosa e Cardoso, 1998, p. 113). Deste modo, pensamos ser o próprio campo das ciências sociais onde o assistente social precise recorrer para capacitar-se teoricamente sobre o debate de grupos. Na verdade, a nossa discussão tem aqui como pano de fundo preocupações de natureza ético-política, pois dependendo da concepção social que o agente tem sobre a sua ação profissional, as fontes às quais ele irá se alimentar para pautar o seu trabalho com grupos podem variar de revolucionárias ao extremo-conservadorismo. E o mesmo vale para o arcabouço instrumental e técnico.

4.3 Dinâmicas de Grupo

Seguindo essa linha de raciocínio é que analisaremos as Dinâmicas de Grupo disponibilizadas para esse estudo. Por opções metodológicas, outras muitas Dinâmicas não estão aqui presentes. Porém elas podem ser acessadas no *blog* "Dinâmicas de Grupo e Serviço Social", pelo endereço eletrônico dinamicasdegrupoeservicosocial.blogspot.com.[2]

- *Dinâmica do Jogo da Velha:*

Objetivo(s): recuperar os assuntos já trabalhados no grupo de forma lúdica.

Metodologia: faça na lousa o desenho do jogo da velha e para cada quadrado relacione um número que só o dinamizador saberá. Para cada número selecione uma pergunta relacionada aos temas discutidos no grupo. Divida a turma em duas equipes e dê oportunidade para uma das equipes começar. Uma equipe por vez deverá escolher um quadrado para marcar seu "x". Então o dinamizador deverá fazer à equipe a pergunta relacionada ao quadrado escolhido. Caso a resposta da equipe esteja certa confirma-se o "x". Caso esteja errada o "x" é validado para a equipe contrária.

Resultados observados: percebeu-se que os participantes apreenderam e relembraram conteúdos já trabalhados em clima de brincadeira.

- *Dinâmica com os responsáveis:*

Objetivo(s): conhecer o ponto de vista dos familiares sobre a escola em que estudaram e a escola dos dias de hoje.

Metodologia: dividir a lousa ao meio. De um lado escrever "o que vocês gostam na escola" e do outro lado "o que vocês não gostam na escola".

2. Como já dito, este blog tem por objetivo se constituir como um espaço para assistentes sociais acessarem Dinâmicas de Grupo, assim como enviarem Dinâmicas que já conhecem, comentar os resultados e as dificuldades que vivenciaram durante sua utilização etc.

Resultados observados: notou-se que a Dinâmica possibilitou a discussão sobre o espaço escolar e a importância da participação ativa dos responsáveis buscando a melhoria da qualidade do ensino.

- *Dinâmica de reflexão crítica sobre machismo:*

Objetivo(s): debater a questão do machismo junto a familiares de alunos.

Metodologia: exibir para os participantes frases consideradas de conteúdo machista através de sorteio, misturando as referidas frases escritas em pedaços de papéis dobrados em uma mesa para que os familiares presentes possam pegá-las aleatoriamente. Na sequência, pedir para que cada participante abra o seu papel e leia em voz alta a frase sorteada e apresente para os demais uma palavra ou uma frase que expresse a sua opinião sobre o conteúdo lido. O dinamizador poderá ainda pedir aos participantes que digam outras frases de conteúdo machista que conheçam e que não estejam entre as frases selecionadas para a Dinâmica. Seguem algumas sugestões de frases: "Mulher no volante, perigo constante"; "Mulheres, menos maquiagem e mais vergonha na cara"; "Em briga de marido e mulher, ninguém mete a colher"; "A mulher precisa de mais espaço no mundo: aumente sua área de serviço".

Resultados observados: notou-se que os participantes perceberam que o machismo está presente em muitas frases aparentemente inofensivas ouvidas no nosso dia a dia, mas que servem para naturalizar e reforçar tal preconceito.

- *Quem sou eu? (Dinâmica de apresentação):*

Objetivo(s): proporcionar um espaço de fala dos participantes.

Metodologia: os participantes devem estar posicionados em círculo. Cada um se apresenta dizendo o nome, a idade, o que gosta de fazer e o que deseja fazer no futuro. Posteriormente, pode-se refletir sobre as habilidades e futuras perspectivas.

Resultados observados: percebeu-se que a maioria dos adolescentes (meninos) queria ser jogador de futebol.

- *Dinâmicas das bexigas:*

Objetivo(s): mostrar que não é tão difícil resolvermos problemas quando estamos juntos.

Metodologia: posicionar os participantes em círculo e entregar uma bexiga para cada, com uma tira de papel dentro (que terá uma palavra para o final da dinâmica). O dinamizador dirá para o grupo que aquelas bexigas são problemas que enfrentamos no nosso dia a dia (desinteresse, intrigas, fofocas, inimizades etc.). Cada um deverá encher a sua bexiga e brincar com ela jogando-a para cima usando diversas partes do corpo, sem deixar nem a sua e nem as bexigas dos outros participantes caírem no chão. Aos poucos o dinamizador pedirá para alguns dos participantes deixarem sua bexiga no ar e sentarem e os restantes continuam no jogo. Quando o dinamizador perceber que quem ficou no centro não está dando conta de segurar todos os problemas, deverá pedir para que todos voltem ao círculo e então perguntar a quem ficou no centro o que sentiu quando percebeu que estava ficando sobrecarregado; e perguntar a quem saiu o que eles sentiram. Ao final, pedir para que os participantes estourem as bexigas e leiam e comentem para o grupo o que aquela palavra significa para ele.

Resultados observados: observou-se maior solidariedade entre os participantes do grupo.

- *Dinâmica "Refletindo sobre a saída das crianças da creche"*

Objetivo(s): refletir com os responsáveis sobre a saída de seus filhos da creche e sobre o novo espaço educacional que desejam e pretender matricular a criança.

Metodologia: Solicitar aos responsáveis que individualmente desenhem ou escrevam sobre o espaço educacional que almejam para suas crianças. Depois debater em grupo sobre as ideias trazidas por cada um, através das figuras ou palavras escritas.

Resultados observados: permitiu perceber que muitos dos interesses dos responsáveis eram semelhantes e que todos desejam de certa forma uma instituição de qualidade para suas crianças.

- *Dinâmica da cooperação:*

Objetivo(s): demonstrar a importância do trabalho coletivo.

Metodologia: todos os participantes devem receber a metade de uma folha de ofício e dobrá-la em várias partes. Depois devem tentar, sem sucesso, rasgar o papel.

Resultados observados: a percepção de que unidos somos mais fortes.

- *Dinâmicas de identidade e valores:*

Objetivo(s): colocar o adolescente em contato com seus próprios valores, levando-o a refletir sobre o que ele considera mais importante em sua vida.

Metodologia: escrever na lousa algumas frases que expressem uma atitude diante da vida ou um valor. Exemplos: a) para ir a uma festa, Beto não hesitou em gastar as economias que tinha para comprar uma calça nova. (valor subentendido: a importância do "ter"); b) Cleide ofereceu-se para cuidar da irmã caçula para sua mãe ir ao supermercado, mesmo tendo que adiar o encontro com o namorado. (valor subentendido: solidariedade). Listar algumas ações que tenham importância para os participantes, tais como: "Ir a uma festa"; "Sair com o(a) namorado(a)"; "Cuidar da irmã (ou irmão) caçula"; "Estudar para uma prova"; "Sair com amigos" e "Fazer o dever da escola". Distribuir uma folha de papel para cada participante e pedir que eles a dobrem ao meio (de maneira que eles tenham dois lados, um direito e outro esquerdo). Em seguida, pedir que escrevam do lado direito da folha, em ordem de importância, algumas ações listadas que fazem parte do seu dia a dia. O dinamizador deverá pedir que, do lado esquerdo da folha, o participante escreva: "quando eu era criança, para mim as coisas mais importantes eram...". Depois deverá pedir que leiam os dois lados da folha comparando-os, estabelecendo as diferenças entre o que hoje acham importante e o que achavam importante quando eram crianças. Em pequenos grupos, os participantes deverão então discutir o que pensam e, depois de voltarem para o grupão, o dinamizador deverá coordenar a discussão polemizando as escalas de valores atuais e de quando eram crianças e que tipo de valores as pessoas atualmente tendem a priorizar.

Resultados observados: notou-se que os participantes se perceberam enquanto pessoas em mudança, em transformação, onde já pensam hoje diferente de quando eram crianças e que no futuro poderão pensar diferente de como pensam hoje.

Com base no conjunto do material, avaliamos que os objetivos de tais Dinâmicas de Grupo têm sentidos diversos, variando entre possibilitar a reflexão sobre as visões que os diferentes atores da escola têm sobre essa instituição, permitir aos alunos pensarem sobre as suas habilidades, relacionando-as com o seu futuro profissional, contribuir com reflexões críticas sobre preconceitos que estão no âmbito do senso comum, possibilitar a discussão sobre o espaço escolar e a importância da participação dos responsáveis na busca pela melhoria da qualidade do ensino e reforçar a importância da união e do trabalho coletivo.

Uma das Dinâmicas se destaca por ser muito próxima ao campo da pedagogia, numa espécie de jogo de perguntas e respostas. Outra Dinâmica de Grupo apontava claramente para o campo da subjetividade com forte influência da Psicologia, voltando-se para questões como solidariedade, amizade e cooperação. Há também uma Dinâmica que aborda questões da ordem dos valores e do comportamento, aparentando um misto de influências tanto do campo da Psicologia quanto da área da religiosidade.

Temos clareza de que as fontes consultadas para acessar as Dinâmicas de Grupo e o teor das mesmas não são elementos decisórios para sentenciar uma prática conservadora ou progressista do assistente social, pois não podemos desconsiderar a dimensão criativa destes profissionais no processo de adaptação destas técnicas, seja no momento do planejamento ou na sua própria execução. Contudo, precisamos pensar a origem dessas fontes consultadas e a direção social implícita nas Dinâmicas de Grupo como possíveis condicionantes do desenvolvimento político-pedagógico da ação do assistente social e dos objetivos dessa mesma ação.

Se consideramos a Dinâmica de Grupo uma técnica de intervenção profissional que necessariamente precisa ter seus objetivos alinhados aos objetivos do próprio trabalho com grupo (servindo desta maneira tanto ao profissional como aos integrantes do grupo como um meio facilitador para este fim), os objetivos que os assistentes sociais atribuem à utilização desta técnica estão diretamente relacionados com o intento do trabalho que eles realizam com o grupo e, neste sentido, com os próprios objetivos profissionais que eles pautam para o seu trabalho como um todo.

Nossos estudos ressaltaram uma característica marcante desta técnica interventiva: a polivalência. As Dinâmicas de Grupo são atualmente utilizadas no trabalho de assistentes sociais com objetivos muito variados: facilitar na apresentação e na comunicação dos integrantes do grupo; possibilitar a descontração e potencializar a inter-relação dos seus participantes (a chamada atividade "quebra-gelo"); estimular os sentidos de cooperação, de autonomia e de responsabilidade, assim como a exteriorização de sentimentos; trabalhar questões de ordem comportamental; criar um espaço de "escuta"; captar demandas e interesses dos integrantes; desenvolver de forma lúdica processos de reflexão sobre temas transversais ao currículo da formação básica e configurar-se como um momento atípico ao modo que está organizado o processo pedagógico hegemônico, diferenciando-se da rotina da sala de aula e sem exigências avaliativas tradicionais.

Não nos parece possível avaliar o direcionamento socioeducativo de cada ação profissional, pois carecemos de uma série de informações que dizem respeito às formas de condução da atividade em si. Porém, apesar disso, podemos afirmar que notamos preocupações de naturezas distintas que muito nos diz a respeito do caráter político-pedagógico e o sentido ético-político da ação dos assistentes sociais. Preocupações estas que transitam desde o campo psicossocial tradicional até a órbita da pedagogia emancipatória. Contudo, como já dissemos anteriormente, o que contribui para uma atuação mais voltada aos interesses de uma classe ou de outra depende, dentre outros determinantes, da concepção social que o agente tem sobre a sua profissão e sobre a sua própria ação profissional.

4.4 Alguns resultados

A pesquisa desvelou que tipos de resultados as assistentes sociais de nosso estudo acreditam ter alcançado a partir dos trabalhos realizados com grupos nas escolas do Rio de Janeiro.

Um dos resultados observados foi uma socialização que a equipe realizou com os professores da escola onde trabalhava. Os profissionais organizaram uma atividade que chamaram de "Café com Devolução". Nesta, as assistentes sociais prepararam um café da manhã, convidaram os docentes e, durante o café, entregaram para eles um documento onde continham as impressões e avaliações das assistentes sociais e psicólogas acerca da escola, elaboradas a partir dos trabalhos com grupos (e outros) que realizaram naquela instituição durante o ano letivo.

Em um trabalho com grupos de alunos, nossa entrevistada revelou como resultados da intervenção profissional certas mudanças no comportamento dos jovens ditos indisciplinados, assim como a elevação da autoestima e outras modificações mais voltadas para o campo psicocomportamental, como demonstra a passagem a seguir:

> A mudança da autoestima, do comportamento, do interesse deles. Era uma turma que, no olhar deles, não tinha chances. Já estava fadada ao insucesso. Na questão da disciplina era muito inquieta, muita agitação. E eles falavam: "Não, não tem mais o que fazer com essa turma". E a gente foi insistindo no trabalho. A gente fazia um trabalho com eles toda semana. Um trabalho sistemático. E nesses trabalhos as Dinâmicas de Grupo eram muito ligadas a isso: a questão mesmo da autoestima, valores. A gente trabalhou muito essa questão da afetividade. Porque a gente foi percebendo que um dos "nós" da questão deles era a afetividade. [...] Em relação às famílias, à afetividade com relação à escola. A escola via eles como problemas. [...] Ninguém queria aquela turma. Era o "patinho feio". Então a gente ao longo do trabalho foi percebendo algumas modificações. Só que a gente achou que fôssemos nós a observar isso. E no final a direção falou: "Vocês conseguiram. Essa turma está de uma forma que hoje é possível conseguir um trabalho com ela". Não foi um milagre. Mas diante do que não tinha mais a ser feito, agora era possível sim ser feito alguma coisa. (A.)

Outra assistente social identifica como um dos resultados do seu trabalho a reflexão feita por um adolescente participante dos grupos que a equipe de Serviço Social realizava na escola. Segundo ela, a questão de "gênero" era um tema muito presente nas discussões. Em determinada oportunidade, um rapaz (convidado para contribuir com a montagem de uma peça teatral) teve o seguinte diálogo com um dos alunos:

> "A mulher trabalha mais que o homem?", perguntou o rapaz. Havia alguns meninos dizendo que sim [...]. Outro menino falou: "Não, meu pai trabalha tanto quanto". Ele não enxergava que a mulher trabalha mais. Ele não via mesmo. E então o rapaz disse [...]: "O que o homem faz quando acorda?".

> — Meu pai trabalha.
>
> — Mas quem faz a marmita do seu pai? Quem lava a roupa? Quem passa? Quem fez o café de manhã? Quem vai ficar com as crianças? [...] E quando ele volta?
>
> — Ele toma banho, janta e vê televisão. Depois dorme.
>
> — Quem fez a comida? Quem vai lavar louça?
>
> E ele naquele momento falou assim: "Meu Deus, minha mãe trabalha mais".
>
> Foi muito lindo ver aquele menino falando aquilo. E ele vai levar isso pra vida toda. O que ele conseguiu ver naquele dia, naquele momento, foi que a mãe trabalhava mais. E então eu piorei: "E se ela trabalhasse fora? [...]". Pra ele esse padrão de trabalho, o trabalho doméstico, não é trabalho. Ele conseguiu entender naquele momento que a mãe trabalhava até mais do que o pai.

Um relato nos diz que, na escola onde estava inserida, a assistente social realizou um trabalho com dois grupos diferentes: com professores e com os alunos do Grêmio Estudantil. Ambos com as mesmas temáticas: indisciplina e respeito. Em determinado momento do desenvolvimento do trabalho a profissional organizou um encontro entre os participantes dos dois grupos. Os alunos expressaram para a assistente social o receio do resultado desse encontro influenciar negativamente na nota final deles. Para evitar isso, a assistente social acordou previamente com o grupo de professores que isso não poderia ocorrer em nenhuma hipótese. No encontro entre os dois grupos, os alunos tiveram a oportunidade de colocar as queixas que têm em relação a alguns professores (como o hábito de gritar na sala de aula e falar coisas desrespeitosas sobre os alunos). Os educadores, por sua vez, puderam expor que — tal como qualquer um — eles também têm uma série de problemas pessoais e profissionais que influenciam na sua prática profissional. Para a assistente social, o fato de aqueles dois grupos conseguirem conversar minimamente foi um resultado importante de sua atuação.

Vale destacar que de acordo com Iasi (2012, p. 316), uma "impossibilidade imediata e particular pode gerar a identidade grupal em um âmbito também imediato e particular, como estudantes sob o controle de professores autoritários [...]". O trato teórico que o autor dá a questão do grupo (enquanto coletivo de sujeitos) ressalta a sua importante função de, em certas circunstâncias, potencializar inclusive o desenvolvimento de uma consciência de classe.

Uma assistente social destaca a autonomia como um resultado a ser perseguido. Ela considera um avanço quando o grupo — seja ele composto por alunos, famílias, professores ou misto pode, a partir do processo de reflexão, propor as suas mudanças, as suas permanências e avaliar quais são as reais necessidades deles. A assistente social cita como exemplo de resultados alcançados com um grupo composto por familiares a possibilidade, criada a partir das discussões travadas no grupo, de cada um dos integrantes (re)fazer seu próprio caminho, repensar suas vidas e sua participação na escola e na vida escolar dos seus filhos.

Esses trabalhos tiveram resultados que se refletiram fora das escolas? Para as entrevistadas, sim. Mas todas as respostas das assistentes sociais giraram em torno de mudanças limitadas ao campo individual, referindo-se, de uma maneira geral, à crença de que aquilo que foi possibilitado aos participantes experimentarem nos trabalhos com grupos seria utilizado por eles em outros momentos de suas vidas para além da escola.

Nota-se, portanto, uma ênfase dada aos resultados individualizados que se expressam tanto em mudanças de comportamentos como em processos de ampliação de visão de mundo. Todavia, tal ênfase guarda ainda semelhanças com as preocupações apresentadas pelas correntes conservadoras da profissão, onde o trabalho dos agentes de Serviço Social tinha como fim último sempre o indivíduo, independentemente das ações profissionais realizadas.

Um dado interessante observado nos resultados apresentados é a ausência de referências à questão dos direitos e/ou de cidadania. Preocupações estas tão marcantes na cultura profissional atual (e que, por vezes, acabam se tornando jargões carentes de reflexão crítica). Porém, isso não nos parece ser sinônimo de que as assistentes sociais de nossa pesquisa não tenham essas questões como horizonte. Pelo contrário. Parece-nos que os esforços dessas profissionais se direcionam justamente para que a educação escolarizada configure-se como um direito social efetivo. E, neste sentido, acreditamos que suas ações têm o intuito de garantir uma maior qualidade dos serviços prestados pela instituição.

Porém, sentimos falta de uma gama de importantes elementos que possibilitassem a superação de um exercício profissional atado aos limites dos direitos sociais para que nos fosse possível caracterizar estas experiências como atividades capazes de "construir um processo emancipatório que oportunize aos indivíduos perceberem-se como sujeitos em sociedade, capazes de questionamentos sobre a ordem social estabelecida [...]" (Mioto e Lima, 2009, p. 40).

Neste sentido, gostaríamos de chamar a atenção para os "processos político-organizativos" (Idem, ibidem). Estes representam uma dimensão do trabalho do assistente social de campo que, na maior parte das vezes, é negligenciada e, na nossa ótica, as intervenções com grupos alargam as possibilidades de articulação desses processos.

> As ações articuladas nesse eixo privilegiam e incrementam discussões e as encaminham para a esfera pública. Seu foco principal consiste em dinamizar e instrumentalizar a participação dos sujeitos, sempre respeitando o potencial político e o tempo dos envolvidos. As ações consideram sempre as necessidades imediatas, mas prospectam, a médio e a longo prazos, a construção de novos padrões de sociabilidade entre os sujeitos, porque estão guiadas pela premissa da democratização dos espaços coletivos e pela criação de condições para a disputa com outros projetos societários. A universalização, a ampliação e a efetivação do acesso aos Direitos são debatidas nos mais diferentes espaços, especialmente de Controle Social, nos quais são questionadas as relações estabelecidas no espaço sócio-ocupacional, na comunidade e nas mais diferentes instituições. (Mioto e Lima, 2009, p. 40-41)

Acreditamos que as ações realizadas com grupos possam criar as condições necessárias para se fomentar uma série de processos político-organizativos, de modo que o resultado final das ações grupais não se esgote no espaço da escola, articulando efetivamente o trabalho do assistente social com a comunidade escolar. As demandas abordadas nos grupos, quando trabalhadas sob bases próprias daquilo que Abreu (2002) chama de "pedagogia emancipatória", intencionam o diálogo crítico-reflexivo e tende a coletivizar questões que se apresentam mistificadas como individuais, fazendo necessariamente a crítica pela raiz.

As questões da mobilização e da organização são responsabilidades que o assistente social não pode ignorar. Parece-nos um perigoso superdimensionamento crer que, como resultados do trabalho, "cada um fez seu próprio caminho a partir do grupo, a partir das discussões que aconteciam ali. Cada um pode repensar sua vida, repensar sua participação na escola, sua participação na vida escolar do filho [...]" (G.). Transformações deste porte raramente ocorrem em curto espaço de tempo e sem um desdobramento mais amplo que possibilite aos integrantes do grupo experiências em outros espaços de organização coletiva dos trabalhadores. Desta forma, a ação de assessoria (no seu sentido político) também se constitui papel do assistente social, com vistas à efetivação da "organização popular em torno de seus interesses, e como sujeito de seu próprio desenvolvimento" (Mioto e Lima, 2009, p. 41).

Para finalizar, repetimos as importantes indagações provocativas feitas por uma assistente social durante a entrevista: "Por que a gente está fazendo esse grupo? Com que objetivo? Aonde a gente quer chegar?" (D.). Acreditamos que as respostas para essas questões são incontáveis e dependem de complexas mediações. Mas algo que o assistente social não pode abrir mão é a busca constante por tais respostas. Respostas estas que, acompanhando o caminhar sócio-histórico, estão sempre em processo de transformação.

Considerações finais

Percorremos um caminho longo e acidentado para podermos investigar como, na prática, assistentes sociais nos dias de hoje estão interpretando e utilizando o instrumento "grupo" no seu exercício profissional e, dentro deste, como se insere a técnica interventiva conhecida como "Dinâmica de Grupo".

Observamos que o Serviço Social em seu processo sócio-histórico passou por transformações radicais no que diz respeito aos seus aportes nucleares. O Movimento de Reconceituação experimentado nos países latino-americanos incorporou a esta profissão novos referenciais teórico-metodológicos, prático-operativos e ético-políticos, distinguindo-a, portanto, das suas configurações iniciais. Dentro deste contexto de mudanças permeado por disputas, a influência das correntes marxistas (e, posteriormente, da teoria marxiana) no Serviço Social brasileiro remodelou a cultura profissional dos assistentes sociais ao incorporar a perspectiva crítico-dialética como novo referencial para se pensar a profissão nas suas diversas dimensões.

Tais transformações tiveram reflexos concretos nas formas do Serviço Social interpretar o trabalho dos seus agentes, incluindo nesse processo aqueles realizados através da modalidade "grupo". A perspectiva positivista-funcionalista perdeu progressivamente espaço para as teorias de ordem materialista que localizaram a profissão de Serviço Social no interior da divisão sociotécnica do trabalho capitalista, analisando por novas bases a sua função social. A revolução operada no campo ético-político profissional buscou reconfigurar os objetivos e finalidades da intervenção dos seus agentes, possibilitando uma efetiva aproximação consciente com os interesses legítimos dos trabalhadores no que concerne o contraditório movimento de relação e disputa de classes.

Paralelamente, o próprio trabalho concreto de campo dos assistentes sociais realizado através de grupos de usuários foi sofrendo alterações, mas que não apresentaram a mesma envergadura daquelas observadas nos âmbitos teórico-metodológico e ético-político. Neste sentido, o aporte prático-operativo do assistente social não sofrera mudanças radicais apesar de posta em cena uma nova hegemonia profissional.

Portanto, o trabalho com grupos continuou a ser desenvolvido por assistentes sociais e parcela das técnicas interventivas utilizadas historicamente nesta ação — como as Dinâmicas de Grupo — permaneceu compondo a cultura profissional desses agentes. Porém, este trabalho estava agora sobre novas bases políticas, éticas e teóricas, o que não precisou necessariamente causar mudanças de formas, mas sim de conteúdo, ao trabalho de campo.

A intenção de ruptura com o passado conservador da profissão, como bem sinaliza Netto (1996a), permanece como uma intenção que não se efetivará repentinamente, pois, neste processo histórico, atuam forças sociais tradicionais conservadoras que rivalizam espaço e legitimidade com as perspectivas que visam a transformação. Apesar de o autor afirmar que o espraiamento da perspectiva da Intenção de Ruptura para o conjunto dos profissionais em geral ocorrera já há quase vinte e cinco anos (Ibidem), percebemos as dificuldades reais e de diversas ordens dessa perspectiva se consumar de forma plena na prática.

As experiências profissionais que aqui abordamos nos prova exatamente isso. Com base nos documentos e nos materiais empíricos analisados, nosso estudo mostrou que o trabalho de assistentes sociais nas escolas cariocas foi modelado ao longo de sua história para atender aos interesses das classes dominantes, seja através do reforço à lógica de assistencialização das políticas sociais, seja pelo viés adaptativo e reformista dado ao trabalho dos profissionais nas unidades escolares, buscando fetichizar o processo de desfavorecimento da coisa pública.

Se por um lado o trabalho de assistentes sociais com grupos de usuários nas escolas é resultado, como verificamos, de uma opção do próprio profissional que, valendo-se de sua relativa autonomia, busca decidir qual o melhor meio para trabalhar determinada demanda; por outro é reflexo das formas de organização e de controle do trabalho nas quais estes profissionais sempre estiveram submetidos. Não vemos qualquer contraditoriedade nessa relação, pois — como nos mostrou o resgate histórico do Serviço Social que realizamos — os instrumentos e técnicas que assistentes sociais utilizam atualmente, na sua maioria, são os mesmos que os profissionais usavam antes mesmo do Movimento de Reconceituação do Serviço Social ter início. Portanto, não atribuímos à técnica ou ao instrumento utilizado o sentido político da intervenção profissional, mas sim aos referenciais teórico-metodológico e ético-político que esses profissionais se baseiam para explorar, principalmente durante os trabalhos com grupos, a dimensão político-pedagógica inerente à profissão.

É importante destacar que os objetivos dos trabalhos com grupos por nós investigados não estão e nem poderiam estar totalmente divorciados dos objetivos institucionais tradicionalmente postos, uma vez que se tratam de experiências profissionais desenvolvidas por trabalhadores assalariados durante suas jornadas de trabalho. Dar vez e voz aos alunos e aos familiares dentro das escolas; discutir com os educandos temas transversais (tais como: sexualidade, drogas, violência, futuro etc.); fomentar canais para que os trabalhadores das escolas possam expor seus pontos de vista e dialogar entre si e incentivar tanto a participação dos alunos nos grêmios estudantis como a das famílias na vida escolar das suas crianças não divergem radicalmente dos interesses que as classes dominantes aspiraram para a escola pública.

Contudo, de modo contraditório, a contribuição do Serviço Social no processo de construção e fortalecimento de uma contra-hegemonia nas escolas perpassa cada um desses fins, pois, de alguma forma, essas ações representam em si atividades que vão de encontro à lógica racionalista, fragmentadora e individualizante instituída. Porém, é fundamental que o assistente social assuma conscientemente o compromisso com a transformação do quadro educacional atual e enxerte em cada um desses objetivos sentido ético-político (tão bem expressos no projeto atual da nossa profissão), articulando suas ações com os movimentos de resistência e de construção de outras propostas de educação que estão em andamento dentro e fora das escolas.

Neste sentido, as contribuições dos assistentes sociais no espaço do grupo precisam ser coerentes com aquilo que Abreu (2002) denomina de "movimento de construção de uma pedagogia emancipatória" e, assim, buscar elucidar as raízes comuns às demandas que lhes são apresentadas, enfrentando a nuvem de fumaça criada pela ideologia que embaça a realidade, sinalizando as contradições inerentes ao modo que está estruturada a sociedade em que vivemos e auxiliando na organização coletiva desses trabalhadores; visando explorar, dessa forma, algumas dimensões da complexa função de intelectual orgânico das classes subalternas.

Cremos que nessa missão, tanto o instrumento "grupo" como a técnica "Dinâmica de Grupo" têm contribuições importantes a dar. Como já dissemos no início desse livro: pensar de modo crítico a partir de metodologias não tradicionais, lúdicas, criativas e que surpreendam por conta da sua novidade são formas bem exploradas em muitas Dinâmicas de Grupo e que — agora podemos afirmar — revelam relevantes potencialidades. Acreditamos, porém, que nosso estudo revelou que apesar da Dinâmica de Grupo ser uma técnica importante no trabalho de assistentes sociais com grupos, sua utilização requer direcionamentos mais apurados no que diz respeito ao sentido político.

Podemos afirmar que as nossas dificuldades no movimento de investigação acerca do objeto "Dinâmicas de Grupo no Serviço Social" se constituíram em grande escala pelo fato do

Serviço Social pós-Movimento de Reconceituação não ter dedicado a necessária atenção no que se refere ao seu campo prático-operativo e, neste sentido, ao próprio trabalho de campo dos seus agentes. Analisar uma técnica pouco estudada e muito difundida entre assistentes sociais quando estão atuando com grupos de usuários, requer, necessariamente, um profundo investimento sobre o instrumento "grupo". Deste modo, uma vez que esta parte do caminho que nos propomos a percorrer ainda não fora devidamente sedimentado/atualizado em nossa profissão, nos foi imposta a exigência de realizarmos as necessárias reflexões neste sentido, para, posteriormente, nos aproximarmos do objeto em questão.

Portanto, ao mesmo tempo em que deixamos com este livro nossa parcela de contribuição ao que se refere ao processo de adensamento do debate atual acerca do trabalho de campo do assistente social e o estudo sobre seus instrumentos e técnicas interventivas, convocamos a categoria para assumir, a partir de bases marxistas, esta tarefa indispensável, urgente e ainda inconclusa.

Referências bibliográficas

ABREU, M. M. *Serviço social e a organização da cultura*: perfis pedagógicos da prática profissional. São Paulo: Cortez, 2002.

ALMEIDA, N. L. T. de; BARBOSA, R. N. de C.; CARDOSO, F. G. A categoria "processo de trabalho" e o trabalho do assistente social. *Serviço Social & Sociedade*, São Paulo, Cortez, n. 58, 1998.

AMMANN, S. B. *Ideologia do desenvolvimento de comunidade no Brasil*. 6. ed. São Paulo: Cortez, 1987.

CARTWRIGHT, D.; ZANDER, A. (Org.). *Dinâmica de Grupo*: pesquisa e teoria social II. Tradução de Dante Moreira Leite e Miriam L. Moreira Leite. São Paulo: Herder, 1969. (Col. Ciências do Comportamento.)

CBCISS. *O ensino da Dinâmica de Grupo a assistentes sociais*. Debates Sociais. Rio de Janeiro: Paris, supl., n. 6, 1972.

CERQUEIRA, G. C. de. *Modelos teóricos de Serviço Social de Grupos*: adaptação ou transformação. 2. ed. São Paulo: Cortez, 1981.

CHESNAIS, F. *A mundialização do capital*. São Paulo: Xamã, 1996.

DANTAS, J. L. *A teoria metodológica do Serviço Social*: uma abordagem sistemática. Debates Sociais CBCISS, supl. Rio de Janeiro: Paris, 1970.

DURKHEIM, E. *Da divisão do trabalho social*. São Paulo: Martins Fontes, 1995.

EIRAS, A. A. L. T. S. *Grupos e Serviço Social*: explorações teórico-operativas. Tese (Doutorado) — ESS/UFRJ, Rio de Janeiro, 2006. (Mimeo.)

FALEIROS, V. de P. *Estratégias em Serviço Social*. 7. ed. São Paulo: Cortez, 2007.

FERREIRA, M. C.; MOURA, M. L. S. de. *Projetos de pesquisa*: elaboração, redação e apresentação. Rio de Janeiro, EdUERJ, 2005. 144 p.

GERTRUDE, W.; GLADYS, R. *Prática do Serviço Social de grupo*: uso criador do Serviço Social. Rio de Janeiro: Sesc, 1961, v. II.

GRAMSCI, A. *Concepção dialética da história*. 7. ed. Tradução de Carlos Nelson Coutinho. Rio de Janeiro: Civilização Brasileira, 1984.

______. *Os intelectuais e a organização da cultura*. Tradução de Carlos Nelson Coutinho. São Paulo: Círculo do Livro, 1985.

GUERRA, Y. *A instrumentalidade do Serviço Social*. 6. ed. São Paulo: Cortez, 2007.

HARVEY, D. *Condição pós-moderna*. 6. ed. São Paulo: Cortez, 1996.

HEGEL, G. *Fenomenologia do espírito*. Tradução de Paulo Menezes. Petrópolis: Vozes, 1992.

HOMANS, G. C. *The Human Group*. London: Routledge & Kegan Paul, 1957.

IAMAMOTO, M. V. *O Serviço Social na contemporaneidade*: trabalho e formação profissional. 6. ed. São Paulo: Cortez, 2003.

______; CARVALHO, R. de. *Relações sociais e Serviço Social no Brasil*: esboço de uma interpretação histórico-metodológica. 23. ed. São Paulo/Lima: Cortez/CELATS, 2008.

IASI, M. L. *As metamorfoses da consciência de classe*: o PT entre a negação e o consentimento. São Paulo: Expressão Popular, 2012. 594 p.

LEWIN, K. *Teoria dinâmica da personalidade*. São Paulo: Cultrix, 1975.

______. *Problemas de dinâmica de grupo*. São Paulo: Cultrix, 1989.

MAGALHÃES, S. M. *Avaliação e linguagem*: relatórios, laudos e pareceres. São Paulo/Lisboa: Veras/CPIHTS, 2003.

MANACORDA, M. A. *História da educação*: da antiguidade aos nossos dias. 2. ed. Tradução de Gaetano Lo Mônaco, Rosa dos Anjos Oliveira e Paolo Nosella. São Paulo: Cortez, 1989.

MARX, K. *Salário, preço e lucro*. 2. ed. Tradução de Elias Chaves. São Paulo: Abril Cultural, 1974. (Col. Os Pensadores.)

______. *O Capital*: crítica da economia política. 2. ed. Tradução de Regis Barbosa e Flávio R. Kothe. São Paulo: Nova Cultural, 1985. v. I. (Col. Os Economistas.)

______. *Manifesto do Partido Comunista*. Tradução de Pietro Nassetti. São Paulo: Martin Claret, 2004. (Col. A Obra-Prima de Cada Autor.)

______; ENGELS, F. *A Ideologia Alemã*. Tradução de Luis Cláudio de Castro e Costa. São Paulo: Martins Fontes, 2002.

MÉSZÁROS, I. *A educação para além do capital*. 1. ed. São Paulo: Boitempo, 2005.

______. *O poder da Ideologia*. Tradução de Paulo Cezar Castanheira. São Paulo: Boitempo, 2007.

MINAYO, M. C. S. *Interdisciplinaridade*: funcionalidade ou utopia? Saúde e Sociedade, São Paulo, v. 3, n. 2, p. 42-63, 1994.

MIOTO, R. C. Orientação e acompanhamento social a indivíduos, grupos e famílias. *Serviço Social*: Direitos Sociais e Competências Profissionais. Unidade V. Brasília: CFESS/ABEPSS, 2009. 760 p.

______; LIMA, T. C. S. A dimensão técnico-operativa do Serviço Social em foco: sistematização de um processo investigativo. *Revista Textos & Contextos*. Porto Alegre, v. 8, n. 1, p. 22-48. jan./jun. 2009. Disponível em: http://revistaseletronicas.pucrs.br/ojs/index.php/fass/article/viewFile/5673/4126.

MONTAÑO, C. O Serviço Social na América Latina e o debate no Brasil. *Em Pauta*: Pensamento e Política na América Latina, Rio de Janeiro, UERJ, n. 22, 2008.

MORAES, M. R. de. O processo de Assistencialização das Políticas Sociais e o Serviço Social. Dissertação (Mestrado) — ESS/UFRJ. Rio de Janeiro, 2009. (Mimeo.)

MOREIRA, C. F. N.; COSTA JUNIOR, R. M.; CONTENTE, A. M. G.; BRANDT, D. B. Rede de Proteção ao Educando: considerações acerca do Serviço Social na Educação no Município do Rio de Janeiro. In: CONGRESSO BRASILEIRO DE ASSISTENTES SOCIAIS, 12., *Anais...*, CFESS, v. 1, 2007.

NETTO, J. P. *Capitalismo monopolista e Serviço Social*. São Paulo: Cortez, 1992.

______. *Ditadura e Serviço Social*: uma análise do Serviço Social no Brasil pós-64. 3. ed. São Paulo: Cortez, 1996a.

______. Transformações societárias e Serviço Social: notas para uma análise prospectiva da profissão no Brasil. *Serviço Social & Sociedade*, São Paulo, Cortez, ano 17, n. 50, p. 87-132. abr. 1996b.

RODRIGUES, M. P. Assistencialização da seguridade e do Serviço Social: notas críticas de um retrocesso. *Serviço Social & Sociedade*, São Paulo, Cortez, n. 91, 2007.

SANTOS, L. L. Metodologismo: explosão de uma época. In: ______. *Textos de Serviço Social*. 4. ed. São Paulo: Cortez, 1987.

SPOSATI, A. (Org.). *Renda mínima e crise mundial*: saída ou agravamento? São Paulo: Cortez, 1997.

TORRES, Z. *Grupo*: instrumento de Serviço Social. Petrópolis: Vozes, 1977, p. 92.

______. *A ação social dos grupos*. 2. ed. Petrópolis: Vozes, 1985.

VASCONCELOS, A. M. de. Serviço Social e Prática Reflexiva. *Em Pauta*, revista da Faculdade de Serviço Social da UERJ, Rio de Janeiro, UERJ, n. 10, 1997.

______. *A prática do Serviço Social*. 2. ed. São Paulo: Cortez, 2003.

YAZBEK, M. C. *Classes subalternas e Assistência Social*. 3. ed. São Paulo: Cortez, 1993.

ZANETTI, M. P. et al. *Diretrizes Gerais para o Serviço Social na Rede de Proteção ao Educando*. SMAS/PCRJ, 2009.

APÊNDICE

Planejamento de outras Dinâmicas de Grupo

- *Dinâmica "Corrida na Floresta"*

Objetivo(s): propiciar a reflexão, a partir de uma experiência lúdica, sobre a forma desigual que se estrutura a sociedade de classes no capitalismo.

Metodologia: em um saquinho, colocar pequenos pedaços de papel dobrados e em somente um destes papéis deve estar escrito a palavra "leão". Em três outros papéis deve estar escrito a palavra "raposa" e em todos os demais (que deve ser a grande maioria dos papéis) deve estar escrito "rato". Importante: o número de papéis deve ser idêntico ao número de participantes. Colocar sobre uma mesa balas e bombons sortidos. Pedir que cada participante pegue um papelzinho e leia somente para si. Pedir então para quem tenha sorteado o papel com a palavra "leão" que vá até a mesa e sirva-se à vontade (certamente os melhores doces serão pegos já nesse primeiro momento). Depois disso, as pessoas que sortearam os papéis com a palavra "raposa" terão só cinco segundos para irem ao mesmo tempo pegar seus doces. O dinamizador deve dizer "já" para dar a largada da corrida e, depois de cinco segundos, dizer "chega", e as raposas não poderão pegar mais os doces. Certamente, poucos doces sobrarão depois disso. Por fim, chega a vez dos ratos. Todos os demais participantes devem – depois do "já" do dinamizador – correr até à mesa para pegar as sobras. Em instantes não haverá mais nada. Certamente, alguns ratos pegarão poucos doces e outros ratos nem sequer isso. Reúna novamente todos os participantes em círculo e dê início à reflexão. Pergunte primeiro o que cada "bicho" achou da Dinâmica: o leão (muito privilegiado), as raposas (com algum privilégio) e os ratos (que ficaram só com os restos). Depois pergunte ao grupo se é possível fazer um paralelo entre a "Corrida na Floresta" e a sociedade capitalista em que nós vivemos. Quem são os leões na nossa sociedade? Por que eles são leões? Quem são as raposas e os ratos? Há mais ratos ou leões na sociedade capitalista? Se há doces para todo mundo, por que alguns poucos comem mais e melhor do que a maioria?

- *Dinâmica "Pão de Cada Dia"*

Objetivo(s): debater algumas contradições que permeiam o senso comum em relação ao dinheiro e ao mundo do trabalho nos dias de hoje.

Metodologia: levar impressa a letra da música "Pão de Cada Dia" (de Gabriel, o Pensador; do álbum "Ainda é só o começo") e distribuir para os participantes do grupo. Na música há cinco personagens: trabalhador, empresário, coveiro, policial militar e o dinheiro. Cada um desses apresenta um ponto de vista sobre determinados temas relacionados ao mundo do trabalho, sobretudo o dinheiro. Antes de tocar a música para o grupo, pedir que cinco integrantes assumam, voluntariamente, cada um desses personagens. Ao final da música, promover um debate entre todos os participantes, sendo que aqueles que assumiram os papéis deverão se manter nos personagens e tentar sustentar, durante o debate, os pontos de vista apresentados na música. O dinamizador poderá fazer perguntas aos personagens de forma a "esquentar" o debate e, após as respostas, perguntar aos demais (que não estão interpretando papéis) o que pensam sobre aqueles pontos de vista.

- *Dinâmica "Quem vê cara..."*

Objetivo(s): refletir sobre a questão dos estereótipos, do preconceito e da supervalorização da aparência na atual sociedade.

Metodologia: procurar em revistas, jornais e/ou na internet fotos de pessoas não conhecidas pelo grande público e que ocupam certa posição de destaque na área onde atuam. Exemplo: um grande escritor jovem, um premiado cientista negro, um idoso que corra maratonas, um ator com Síndrome de Down, uma mulher que pilota carros de corridas etc. Colar em um cartaz todas essas imagens e algumas outras de pessoas anônimas mas que, pelo estereótipo tradicional, possam ser mais facilmente identificadas com as atividades acima. Pedir que o grupo coletivamente decida quem, dentre as fotos, realiza tais atividades e escreva a atividade escolhida abaixo delas: escritor, cientista, maratonista, ator, piloto de corrida. Depois disso, o dinamizador deverá revelar para o grupo quem é quem e fomentar o debate crítico-reflexivo.

- *Dinâmica "Para Discussão de Texto"*

Objetivo(s): possibilitar ao grupo debater o conteúdo de um texto de forma lúdica, rápida e coletiva.

Metodologia: socialize com antecedência entre os integrantes do grupo o texto que embasará as discussões, visando permitir a leitura prévia de todos. Deste texto, selecione quatro trechos (ou parágrafos curtos) que o dinamizador julgue mais importantes. Dê uma folha de papel para cada integrante do grupo e peça para cada um fazer quatro colunas. O dinamizador deverá ler para o grupo o primeiro trecho já selecionado e pedir que cada integrante escreva na primeira coluna de sua folha a palavra que ele considere a mais importante contida naquele trecho. Na sequência, ler o segundo trecho e seguir a mesma lógica: que cada integrante escreva na segunda coluna uma palavra que julgue mais importante daquele segundo trecho. Fazer o mesmo com os trechos três e quatro. Após essa fase, pedir que os integrantes do grupo mostrem e falem quais foram as palavras escolhidas para cada coluna. O dinamizador deverá fazer o "top 3" de cada coluna, ou seja: anotar qual foi a primeira, a segunda e a terceira palavra mais repetida pelo grupo em cada coluna. Depois disso, o dinamizador irá ler novamente para o grupo um trecho de cada vez (ou seja: o trecho 1, o trecho 2, o 3 e o 4), dando ênfase nas palavras mais repetidas. Entre a releitura de um trecho e outro, o dinamizador deverá fomentar o debate e pedir que os integrantes do grupo falem do porquê da escolha daquela palavra, por que o grupo acha que a palavra X foi a mais repetida, por que a palavra Y foi a menos escolhida etc. Por fim, pedir que cada integrante elabore uma frase na qual as quatro palavras de suas colunas estejam presentes e leia para todo o grupo.

***Obs.**: Dinâmica construída com a colaboração da equipe do PROINAPE-SME-PCRJ da região da 5ª CRE*

- *Dinâmica "das Balas"*

Objetivo(s): propiciar uma situação em que a solução do desafio é o trabalho coletivo cooperado. Refletir sobre a importância do trabalho coletivo sem disputas e de forma solidária.

Metodologia: distribuir uma bala para cada participante e pedir que eles a segurem com as duas mãos para trás. O desafio é desembrulhar a bala e colocá-la na boca sem tirar as mãos de trás do corpo. Também não é permitido soltar a bala sobre a mesa ou sobre a cadeira e pegá-la com a boca. Como o desafio é impossível de ser solucionado de forma fácil individualmente (exceto se no grupo tiver algum contorcionista... rs), apenas quem trabalhar em equipe conseguirá pôr a bala na boca: um coloca a bala, ainda com as mãos para trás do próprio corpo, na boca do outro participante que, depois, faz o mesmo.

- *Dinâmica "do Kadin"*

Objetivo(s): ressaltar a importância do trabalho coletivo de forma realmente cooperativa e democrática.

Metodologia: distribuir uma folha de papel ofício para cada participante (no mínimo seis). Dizer para o grupo que o objetivo da Dinâmica é que o grupo construa um boneco e que cada participante ficará responsável por desenhar uma parte do boneco. Distribuir canetinhas e lápis de cor, e deixar o grupo trabalhar sozinho por uns 10 minutos. Passado o tempo, é hora de montar o boneco (montar com fita adesiva na parede, ou no quadro, ou no chão mesmo). Caso o grupo não tenha trabalhado de forma coletiva efetivamente, o boneco será um monstro com um braço maior do que o outro, pernas de tamanhos, cores e formatos diferentes, cabeça maior que o corpo etc. O dinamizador então tem a possibilidade de refletir com o grupo o porquê de o boneco ter ficado daquele jeito: o grupo trabalhou de forma cooperativa ou cada um fez somente o seu trabalho sem se importar com o trabalho do outro? O boneco era o objetivo do trabalho de cada um ou cada um só se importou em fazer a sua parte sem projetar inicialmente o boneco, como um todo, como o objetivo do trabalho individual e coletivo? Essa Dinâmica permite ao dinamizador trabalhar com o grupo, de forma lúdica, categorias e conceitos importantes como o sentido teleológico do trabalho, a alienação/estranhamento do trabalhador no modo de produção capitalista, a importância de experimentarmos formas coletivas de trabalho contra-hegemônicas etc. O dinamizador pode ainda distribuir novas folhas em branco para que o grupo, dessa vez, trabalhe realmente de forma coletiva na construção de um novo boneco.

Obs.: Dei o nome de "Dinâmica do Kadin" porque numa vez que a apliquei com um grupo de adolescentes, os jovens deram esse nome para o boneco (que ficou fixado na sala de aula deles até o final do ano), pois ele era o resultado de um trabalho feito com um "kadin" de cada um.

- *Dinâmica "do Ponto"*

Objetivo(s): proporcionar reflexão sobre preconceitos.

Metodologia: pegar uma folha totalmente em branco (papel ofício) e fazer um ponto no centro. Perguntar ao grupo o que eles veem. As respostas costumam ser: "um ponto", "um rabisco", "uma marca" etc. O dinamizador então diz: "Não. O que vocês estão vendo é uma folha". E então o dinamizador tem a possibilidade de refletir sobre como, em nossa sociedade, as pessoas estão acostumadas a enxergar somente as marcas, as características, os "defeitos" e não o todo. Uma folha é uma folha, com ou sem um ponto, assim como uma pessoa é uma pessoa, com ou sem deficiência, com ou sem cabelo crespo, gordo ou magro, heterossexual ou não.

- *Dinâmica "Apresentação e Característica"*

Objetivo(s): fazer com que, de maneira divertida, os integrantes do grupo se apresentem. Facilitar a fixação dos nomes.

Metodologia: em círculo, pedir para uma primeira pessoa dizer seu nome e uma característica sua — em apenas uma palavra — que comece com a primeira letra do seu nome (ex.: Felipe/feliz). Depois pedir que a pessoa ao lado repita o nome e a característica ditos pela primeira e, então, diga o seu próprio nome e uma característica sua que comece com a primeira letra do seu nome. A terceira pessoa deverá repetir o nome e a característica das duas primeiras pessoas e dizer o seu próprio nome e característica. Assim sucessivamente até a última pessoa. Caso o grupo seja composto por poucas pessoas, o dinamizador poderá repetir toda a operação em sentido contrário.

- *Dinâmica "das Falas"*

Objetivo(s): possibilitar a reflexão coletiva sobre a instituição sob diversos pontos de vista.

Metodologia: durante o dia a dia no seu trabalho, anotar frases significativas (positivas e negativas) ditas por integrantes da instituição (incluindo profissionais, usuários, familiares etc.). Escrever cada frase em um papel, sem nome ou nenhuma outra referência do seu autor. Na atividade com grupo, colocar os papéis em um saco e pedir que cada integrante pegue um e leia em voz alta. Depois de todos terem cumprido essa etapa, abrir para discussão crítica.

- *Dinâmica "do Tangram"*

Objetivo(s): refletir sobre a importância da participação política dos usuários junto à instituição no sentido de promover as mudanças almejadas.

Metodologia: colar/escrever em cada peça do quebra-cabeça japonês Tangram (ilustração a seguir) uma "peça" importante que compõe a instituição na qual você e os usuários estão inseridos (por exemplo, em uma escola: alunos, professores, grêmio estudantil, famílias, CEC, direção, funcionários). Embaralhar as peças e pedir para os participantes, de forma coletiva, montar um quadrado com todas as peças do quebra-cabeça em cinco minutos. Dar um tempo extra, caso não tenham conseguido. Depois fazer a reflexão crítica sobre a importância da participação ativa de cada uma dessas "peças" junto à instituição, no sentido de que esta venha, com isso, atender aos interesses da maioria. Falar das dificuldades inerentes a esses processos de disputas e mudanças e fazer relação com a dificuldade vivenciada pelo grupo na montagem do Tangram.

LEIA TAMBÉM

A DIMENSÃO TÉCNICO-OPERATIVA NO SERVIÇO SOCIAL

desafios contemporâneos

Cláudia Mônica dos Santos
Sheila Backx
Yolanda Guerra
(Orgs.)

3ª edição - 1ª reimpressão (2018)
208 páginas
ISBN 978-85-249-2522-1

Já em sua 3ª edição, dada a importância da temática que aborda, este livro preenche uma lacuna ao discutir "a necessidade da profissão investir na sua operacionalização, tendo como referência o projeto ético-político do Serviço Social". Ao analisar o cotidiano do(a) assistente social brasileiro(a) na contemporaneidade, apresenta elementos que contribuem com o enriquecimento da profissão na formação e na intervenção: desde as finalidades do Serviço Social até seus resultados concretos.

LEIA TAMBÉM

A INSTRUMENTALIDADE DO SERVIÇO SOCIAL

Yolanda Guerra

10ª edição - 4ª reimpressão (2016)
288 páginas
ISBN 978-85-249-2203-9

O livro tem se consolidado como um clássico no debate da profissão, mas mantém sua extrema atualidade. Nele, a autora questiona a visão hegemônica da instrumentalidade como referida aos instrumentos operativos; compreensão atrelada aos limites de uma razão formal abstrata.

LEIA TAMBÉM

SERVIÇO SOCIAL E A ORGANIZAÇÃO DA CULTURA

perfis pedagógicos da prática profissional

Marina Maciel Abreu

5ª edição - 3ª reimpressão (2016)
288 páginas
ISBN 978-85-249-2449-1

O livro discute particularidades e tendências pedagógicas atuais do Serviço Social no Brasil, distinguindo metamorfoses das pedagogias da "ajuda" e da "participação" e desafios da construção de uma pedagogia emancipatória, situados entre o horizonte da cultura do "bem-estar" e o da superação da ordem do capital.

GRÁFICA PAYM
Tel. [11] 4392-3344
paym@graficapaym.com.br